新しいお伊勢参り

"おかげ年"の参拝が、一番得をする!

講談社+α新書
プラスアルファ

構成　中津川詔子

はじめに

結論から先に申し上げよう。

今年、平成25（2013）年10月に伊勢神宮《いせじんぐう》（「神宮」）が正式名称。ただし「伊勢神宮」の名称が定着しているので、この本でも以降、伊勢神宮と記す）で20年に1度の式年遷宮《しきねんせんぐう》が行われる。

新しくなった内宮《ないくう》、外宮《げくう》の正殿《しょうでん》を参拝しようと待ちわびている人が多いと予想されるが、ちょっと待ってほしいのである。

お伊勢参りは、遷宮の翌年にされてはいかがですか、と。

伊勢神宮は、内宮と呼ばれる「皇大神宮《こうたいじんぐう》」と外宮と呼ばれる「豊受大神宮《とようけだいじんぐう》」からなり、その内宮と外宮は「正宮《しょうぐう》」と呼ばれている。内宮の御祭神《ごさいじん》は、アマテラスオオミカミであり、外宮の御祭神はトヨウケノオオカミである。伊勢神宮はこれらの二つの正宮を中心に、ほかにもそれぞれの別宮《べつぐう》、摂社《せっしゃ》、末社《まっしゃ》、所管社《しょかんしゃ》からなっている。由緒正しい神々を祀《まつ》る別宮だけでも14社あり、末端の所管社も含めると、ゆうに100社を超える。

ここは日本の神々の頂点に君臨《くんりん》する神域なのだ。

式年遷宮とは、それらの正殿や社殿、橋に鳥居から催事用の装束《しょうぞく》なども含めて、20年ごとに新しいものに換える、8年がかりで行われる総費用570億円という想像を絶する一大行事だ。飛鳥《あすか》時代の690年に持統天皇《じとうてんのう》が始められたとされ、以降1300年以上の歴史をもつ、とりわけ重要な祭事なのである。

今年行われる第62回式年遷宮は、8年前の平成17（2005）年5月、ヒノキの切り出しの無事を祈る「山口祭《やまぐちさい》」から始まった。そしてもっとも重きをなす儀式である、ご神体を旧正殿から新正殿へ遷《うつ》す祭儀《さいぎ》「遷御《せんぎょ》」は、内宮は10月2日、外宮は10月5日の深夜に執《と》り行われる。この日をもって内宮の御祭神アマテラスオオミカミと、外宮の御祭神トヨウケノオオカミは新しい正殿に引っ越されることになる。

私は18歳から21歳の半ばまで伊勢とその周辺に住み、何度となく伊勢神宮にお参りした。というよりも散歩がわりに参道の玉砂利《たまじゃり》を踏みしめてきた。

今では参拝時間が決められているが、40年ほど前は、深夜でも中に入ることはできたので、よく一人きりで神域を歩きながら思索に耽《ふけ》ったものである。とりわけ冬の深夜、煌々《こうこう》と輝く満月に照らされた参道の白い玉砂利の美しさ、早春の暁のときの五十鈴川《いすずがわ》の朝靄《あさもや》と、樹齢《じゅれい》700〜800年という杉の巨木の幽玄《ゆうげん》さといったら！

何事の　おはしますをばしらねども　かたじけなさに　涙こぼるる

と詠《よ》んだ西行《さいぎょう》のように、なにかありがたいものの気配を感じたものだ。

また、40年前の式年遷宮では、ヒノキを内宮や外宮に曳《ひ》き入れる「御木曳《おきひき》」の行事なども直に見た。その後も伊勢神宮に関する本を何冊も上梓《じょうし》し、雑誌特集の監修は数知れず。神宮をいつも身近に感じながら、これまで生きてきたのである。

けれど今、気になっていることが一つある。

式年遷宮が行われた年の参拝は、お伊勢参りにはせ参じた江戸の庶民、そして伊勢市民にとっては「違う！」らしいのである。

そして彼らは遷宮の翌年に新しい正宮に参拝する。

なぜか？
そのほうが、ご利益があるからだ、と。
これはいったいどういうことなのか？
その検証も含めて、伊勢神宮の魅力に迫ってみたいと思っている。

なお本書ではアマテラスオオミカミを「アマテラス」、トヨウケノオオカミを「トヨウケ」、スサノオノミコトを「スサノオ」、オオクニヌシノオオカミを「オオクニヌシ」などと、神々の名前を短い呼称で紹介している。もちろん正式名称で書くべきなのだが、読みやすさを優先して、このような手法をとった。これについては先日、神社にお参りした際、神々に報告しておいた。神社好きの方も、この本を読まれるだろうが、けっして気を悪くしないでいただきたいと願っている。

◉目次

第2章 「式年遷宮」と内宮と外宮の「喧嘩」の歴史

第3章　アワビが大好物のアマテラス

第4章　お伊勢参りは、別宮参拝でご利益が増す！

第1章　なぜ遷宮翌年の「おかげ参り」は、ご利益があるのか？

日本人の6人に1人がお伊勢参り

「おかげ参り（御蔭参り）」という言葉をご存じだろうか。

江戸時代、爆発的に広まったお伊勢参りのブームのことである。

記録に残っている最初の「おかげ参り」は、江戸初期の慶安《けいあん》３（１６５０）年。明和《めいわ》８（１７７１）年には、京都・南山城を皮切りに、関東以西から北九州にいたるほぼ全域に波及し、約２００万人の民衆が参加している。

長いスパンでみると、時代が下るにつれて伊勢への参宮者は増えているのだが、ある年に突如、その数字が跳ね上がる。

その多くは「式年遷宮《しきねんせんぐう》の翌年、翌々年」なのである。

これは「おかげ年（御蔭年）」と呼ばれ、およそ60年に一度のペースでくり返されている。

つまりおかげ参りとは、おかげ年に伊勢神宮《いせじんぐう》に参拝することをいうのである。

河原田寛という久居藩士《ひさいはんし》（現・三重県津市）の残した記録（『観御蔭参詩』）に、こう記されている。

「御蔭参りは俗説に60年ごとに起こるという。これは概略の数をいったもので、必ずしも当たるということができぬけれど、ほぼその年数前後に起こっているのは事実である」

江戸時代に発生したおかげ参りのうち、とくに大規模だったのは左の4回だ。

遷宮……慶安《けいあん》2（1649）年、おかげ参り……慶安3（1650）年
遷宮……元禄《げんろく》16（1703）年、おかげ参り……宝永《ほうえい》2（1705）年
遷宮……明和《めいわ》6（1769）年、おかげ参り……明和8（1771）年
遷宮……文政《ぶんせい》12（1829）年、おかげ参り……文政13（1830）年

この中で、もっとも多い参詣者《さんけいしゃ》を数えたのは、文政13（1830）年のおかげ参りである。

伊勢山田在住の箕曲《みのお》在六という人が残した記録（『御蔭参宮文政神異記』）によると、同年3月、阿波国《あわのくに》（現徳島県）の子ども20～30人の集団参詣をきっかけに、伊勢神宮へ集団で詣でる人々が各地から押し寄せた。そして8月末までの5ヵ月間、伊勢市北部を流れる宮川を渡ったものだけでも、486万2080人に達した。このほかに、大湊《おおみなと》や神社港などへ海

路でやってきた人たちは10万人以上。さらに、一日あたりの最高参詣数は14万8000人という記録もあるから、総数は500万人を軽く超えたと思われる。

当時、日本の総人口は2700万人を少し越える程度と推計されている。なんと、わずか半年間に、日本人の5〜6人に1人が、おかげ参りに参加したことになる。電車も車もない時代のこと、これはすさまじい数だ。

なぜ人々は遷宮の「後」に伊勢をめざしたのか？

これには大きな理由があるのではないか？

さまざまな説があるが、20年に一度、社殿が新しくなったタイミングで行くと、すばらしいご利益がある、とりわけ遷宮翌年に参拝したら「ご神徳《しんとく》」がいただけると信じられていたのである。

神は、遷宮の翌年に現れる

京都の上加茂《かみがも》神社や石清水八幡宮《いわしみずはちまんぐう》にも、大量の参拝者が押し寄せる現象がみられたが、伊勢神宮の『おかげ参り』ブームは、遷宮の直後に起きる点において特異だった。

「神宮の『おかげ参』の方は御遷宮の直後や、六十一年目の干支の一廻りする時、即ち神発

現の時に人民の方から参ってその神恩を直《ぢか》に賜《たま》わるの意である」(井上頼寿『伊勢信仰と民俗』より)

研究家がそう指摘するように、伊勢神宮にかぎって、まるではかったかのように、遷宮のあとに集団参宮が増えたのは、どういうわけなのだろう。

式年遷宮のあとのおかげ年は、いつもよりご利益がもらえる。しかも60年に1度、特別な「ご神徳」が発現する年がある――。

そんな噂が広まる一つのきっかけとなったのは、全国各地でおきた「神宮大麻《じんぐうたいま》が降る」という奇蹟だった(神宮大麻とは伊勢神宮の神札《しんさつ》のこと。今でも多くの神社には「天照皇大神宮」と記された神札が頒布《はんぷ》されている)。

おかげ年が近づくと「天から神の御札が降って」きたとの噂が広まり、人々のモチベーションに火がつく。そして伊勢に向かう人が増えてくると、「数十里の道を、たった3日で往復した」という人や、「お伊勢参りの途中に病死した仲間を葬《ほうむ》ったところ、生きて戻ってきた」といった奇蹟が多数紹介され、人々は、もういてもたってもいられなくなる。

伊勢に行けばご利益がある！

神さまがきっとごほうびをくれる！

その頃は、「非科学的だ」などと水を差す者はいなかった。庶民たちは「お伊勢さんは特別な力がある」「ぜひともそのご神徳にあやかりたい」と純粋にあこがれ、旅立っていったにちがいない。

詳細は次章で触れるが、「式年遷宮」の意図は、神さまのエネルギーを新しいお宮へ遷《うつ》し、衰えてきた勢いを再生させることにある。社殿だけではない。鳥居、神宝、神衣にいたるまで、神々にかかわる道具をすべて造りかえることで、神々が本来のみずみずしい力を取り戻す。神道特有の「常若《とこわか》」、常に若々しくみずみずしくあるという思想が背景にある。

だから人々は遷宮が無事にすみ、神さまの勢いが強くなったタイミングを狙ってお参りをした。神さまの勢いが強いとは、つまり、いつも以上にご加護《かご》、いや、ご利益が得られるということだ。

江戸庶民のおかげ参りの方法

とはいえ、ただ行きたいという気持ちだけではどうにもならない。旅にはノウハウと段取り、それに金が必要だ。流行《はや》っているからといって、そう簡単に出かけられるものではない。遠方からの参拝となればなおさらだ。

参宮者がここまで大人数にふくれあがった理由については、諸説がある。

まず一つ目は、交通インフラの整備によって、安全に移動できる環境が整ってきたことがあげられる。

幕府は江戸・日本橋を起点に、5つの街道（東海道、中山道、日光道中、奥州道中、甲州道中）を整備した。そして、各街道の一里ごとに一里塚を設けた。今でいう道路標識である。盛り土をしたところへ木（榎や松など）を植えて目印とし、木に馬をつないだり、木陰で一休みできるようになっていた。

さらに、一定間隔ごとに宿場も設けた。

宿場には一般の旅人のための旅籠《はたご》や木賃宿《きちんやど》もあった。旅籠は朝晩の食事付きの宿屋で、木賃宿は薪《まき》を買って自炊をする宿屋だ。参勤交代の大名行列のための本陣《ほんじん》や脇《わき》本陣もあった。表向きは一般人は泊めないことになっていたが、参勤交代のオフシーズンには庶民も泊めるところがあり、文字通り大名気分を味わえた。

江戸後期のおおよその宿泊費は上等の旅籠で最高300文（現在の約3000円）、一番安い旅籠で100文（約1000円）ほどだった。木賃宿は、素泊り（薪代は別途）で50文

（約500円）から60文（約600円）。

これらの主要街道の枝街道として「脇往還《わきおうかん》」と呼ばれる街道も整備され、伊勢への参詣道もできあがった。

二つ目は、生産が安定し、庶民が現金収入を得やすくなったこと。

農村の住民の多くは、市街地にすむ商人にくらべ、現金を手に入れる機会に恵まれなかった。しかし、年貢を納めたあとの米を、売って金に換えることはできた。野菜や藁《わら》、竹の細工物を市に持ちこんで売ったり、街道沿いに茶店を出して小遣い稼ぎのようなことをする者もいた。また、器用な者は、農閑期に野鍛冶《のかじ》や屋根葺《やねふ》きなどの職人仕事で手間賃を稼いでいた。

お伊勢参りの仕掛け人「御師」

三つ目は、「伊勢に参れば、すばらしいご利益がある」と喧伝《けんでん》する人々の存在である。

実は伊勢参りブームには、影の仕掛け人がいた。

御師《おんし》と呼ばれる伊勢の神官である。彼らは全国各地へ出かけていき、お伊勢参りのすばらしさを宣伝、勧誘していた。たとえば、こんなふうに……。

「伊勢の神宮は、天皇の祖先神をおまつりするところだから、普通の人は参詣できません。でも、私たちを通してもらえば、中へお入れできますよ。神宮はすばらしく広くて、神さまのご加護も日本一です。どうです、行ってみませんか？」

神宮はもともと皇室の先祖をまつる所だった。だから当然、一般民衆はこの社への奉幣《ほうへい》（神への捧げ物）を禁じられ、民衆とは縁のない「雲の上のお宮」だった。興味を示した人々に、彼らはさりげなく手土産をさしだした。御祓大麻《おはらいたいま》という御札である。

「だけど、伊勢は遠いしなあ。おれは旅なんぞしたこともなく、どこに泊まればいいかもわからんし」

相手が渋ると、それを見越していたかのように、御師はにこっと笑う。

「では、わたしの邸宅にお泊まりなさい。うちは神官の家だから、そこでお神楽《かぐら》もあげられます。なんでしたら、伊勢の名所も案内しますよ」

「そりゃ、ありがたい話だ。しかし、先立つものがないとなあ……」

カネがない、という答えも彼らの想定内だ。

「講《こう》をつくってはどうでしょう。この界隈で、お伊勢参りをしたい人を集めるのです。大勢で毎月積み立てをして、まとまった金が集まったところで、クジかなにかで何人かを選ぶ。

それをくり返していくと、いつか全員に順番がまわってくるでしょう」

「なるほど、それはいい考えだ」

このように、巧みに人々を勧誘していった結果、全国各地に伊勢参りのための「伊勢講《いせこう》」が組織されていった。「利息を取って貸しつけましょう。ただ貯めているより早く、目標の金額にとどきます」と、積立金を預かって運用する者もいたようだ。

みやげを手渡されながら、親しく話しかけられれば、庶民の気持ちは大きく傾いただろう。

寛政《かんせい》7（1795）年3月、河内の荒川村の直右衛門夫婦が、友人知人8人と連れだって、10人で参宮をした記録が『旅の民俗と歴史4　庶民の旅』（八坂書房）で紹介されている。

3月6日に河内を出発し、奈良から名張に出て、伊勢・二見《ふたみ》をまわり、帰りは松坂《まつさか》から関（鈴鹿）に出て東海道を京まで上り、京見物をして3月25日に帰着する20日のコースである。出発にあたっては村はずれまでは村人が見送り、さらに両家に関係深い人々は暗峠《くらがりとうげ》まで見送って、峠の茶屋で別れの盃《さかずき》を傾けた。

男3、女7という構成で、女が多いせいもあってか、途中たびたび休んでいる。

女たちは奈良まで駕籠《かご》を使い、その代金は村から峠まで550文《もん》、峠から奈良まで924文、峠から奈良までは荷持人足を雇って472文、峠から先で3回休憩をしている。

榁ノ木峠《むろのきとうげ》では昼食をとり234文、草鞋《わらじ》88文、奈良での泊まりは猿沢池のほとりの印判屋《いんばんや》で1泊2食つき銀20匁《もんめ》（1人2匁）、そのほか茶代100文。

奈良から伊勢までの泊まりは初瀬・名張・二本木・新茶屋で、宿料は二本木が30匁のほかはいずれも20匁（10人分）に茶代は100文である。この時代としては上等の宿だったようだ。

伊勢では内宮の御師、栗谷太夫《たゆう》の邸宅に2泊している。宿料は1両2分、茶代100疋、計1両3分。どんな旅籠よりも高い。そのほかに祈禱《きとう》を頼んだ懇志《こんし》として、太夫以下、男衆下女にいたるまでおのおの心づけを包んでおり、合計で金2両2分2朱と銀30匁9分5厘を納めている。御師の生活は、こうした伊勢参りの人々で成り立っていたのだろう。毎年各地を回り、神宮の御師が配った御祓大麻は、江戸後期には日本全国の9割近い家に普及していたという。

「太々神楽」に憧れて

当時の日本人の8割が農業で生計を立てていた点も、布教活動のしやすさにつながっただろう。伊勢神宮は皇祖神を祀る神社ではあったが、祭神はアマテラス（太陽神）とトヨウケ（衣食住・産業神）と、いずれも農業と深い結びつきのある神さまだ。農民たちの信仰の対象になるのは自然なことだったろう。

人々は、御師のことを「太夫《たゆう》どの、太夫どの」と敬い、高い宿代にも不平を言ったりはしなかったようだ。各地に残る伊勢参りの記録を見ても、御師を悪しざまに書いているものはない。それは彼らが「神官」だったからにほかならない。

御師の館では、旅籠の何倍、何十倍もの料金をかけても惜しくないような、特別な体験ができたからだ。たとえば、太々神楽《だいだいかぐら》の奉納である。

神楽は、神道の神事において神に奉納するため奏される歌舞の総称だが、「太々神楽」は伊勢神宮特有のもので、室町時代末期から江戸時代を通して、伊勢外宮の御師や社家《しゃけ》の家で行われた。湯立《ゆだて》（釜で熱湯をわかしながら行う呪術）や、反閇《へんばい》（邪気を払うための足踏み）などが特徴で、踊りや雅楽を奏でながら優雅に舞うというものではなく、祈禱色が強いものだった。湯立は参宮者を清めるためのものだ。

実は、おかげ参りをした人々のなかで、伊勢で「太々神楽」をあげることは一番の憧れだった。「生涯に一度のこと」として、贅沢を楽しんでいたのだろう。

「男」になるのが目的のお伊勢参り

さて、伊勢の神さまへのお参りだが、江戸の庶民は、内宮の御祭神がアマテラス、外宮の御祭神がトヨウケだと知っている人がどれだけいたのだろうか？

おそらくほとんどがわからなかっただろう。

彼らはもちろん神さまへのお参りが目的で伊勢に行ったのだが、もう一つ大事な目的が、もしかしたら参拝以上に楽しみにしていたことがあった。

男性は、伊勢神宮の近くの遊郭《ゆうかく》で遊ぶこと。

女性は海の幸をたらふくいただくことである。

一生に一度のお伊勢参りだ。ふだんは農作業に追われていた農民や、質素な生活を強《し》いられていた商人ら庶民にとって、お伊勢参りは、堂々と羽目を外せる唯一の機会だった。

伊勢にあった古市《ふるいち》という遊郭は、江戸の吉原《よしわら》、京都の島原《しまばら》、大坂の新町《しんまち》、長崎の丸山《まるやま》と並ぶ5大遊里《ゆうり》に数えられ、70軒もの妓楼《ぎろう》がひしめき、茶汲《ちゃく》み女と呼ばれた遊女が1000人いたという。そこで、地元に縛られて、来る日も来る日も汗水たらして田畑を耕していた男たちは、遊女たちと乱痴気《らんちき》騒ぎを楽しんだ。人生でたった一度の解放された時間だったろう。彼らは、その遊びを「精進落《しょうじん》とし」と呼んだ。

年若い男たちは、遊郭で遊んで、童貞を捨てることが目的だった。村の人々も、若者が「伊勢で男になって帰ってくること」を承認して見送ったのである。

一方で、草深い村から来た女性にとっては、伊勢エビやあわびなど新鮮な魚介類をふんだんに盛った豪華な食事は、一生に一度のごちそうだったに違いない。彼女たちはおおいに舌鼓を打ち、日頃のつらさを一瞬でも忘れることができただろう。

なぜおかげ年の参拝にはご利益が？

近年は、メディアがこぞって取り上げるせいか、遷宮を待たずに参詣する人が多いようだ。

先述のように内宮・外宮の正殿が遷されるのは、内宮が平成25（2013）年10月2日、外宮が5日の深夜だが、それを待たずに出かける。「古い社殿とはこれでお別れ」「これで見納め」。そんな惹句《じゃっく》を目にすると、無性に行きたくなる。じっとしていられなくなる、ということだろうか。その心理はわからなくもない。

数年前に、歌舞伎座が建て替えになったときも同様のことが起きた。これまでに一度も歌舞伎を見たことのない人が長蛇の列をつくり、定価の5倍から8倍に高騰したチケットに大枚をはたいていたらしい。日本人は滅び行くもの、消え行くもの、死に行くものに弱い。「閉店セール」をくり返したたかな店がなくならないはずだ。

それはさておき、式年遷宮でご利益を得たいのなら、神々の引っ越しが完了し、再生されたエネルギーに触れることをおすすめしたい。

平成25年10月以降も、式年遷宮は続く。ご正殿の御魂遷《みたまうつ》しが終わったら完了、と思われがちだが、神宮は全部で125社あり、内宮と外宮がすべてではない。内宮のアマテラス、外宮のトヨウケ。それぞれの神にゆかりの深い神々の存在を忘れてはならない。

伊勢市で青春時代を過ごした私は、別宮にこそ神気を強く感じる。敷地が離れているからといって足を運ばないのはもったいない。

平成26（2014）年には「瀧原宮《たきはらのみや》」「伊雑宮《いざわのみや》」をはじめとする別宮、翌27（2015）年には摂社《せっしゃ》・末社《まっしゃ》の多くが遷宮を迎える。伊勢神宮が、平成25年の年末まで、第62回式年遷宮のための御造営寄進を受けつけているのは、そのためだ。

新しい正殿に遷《うつ》った神さまは、再訪したあなたをより強い力で迎えてくれるはずだ。「旧社殿と、真新しい社殿が並んでいるのは今だけ」といわれれば、確かに珍しいものをみた気にはなるが、ご利益が2倍になるわけではない。

伊勢っ子は「翌年」に参拝する

伊勢市内で喫茶店を営むFさんという女性が、こんな話をしてくれた。

「これをおかげ参りというかどうかはわかりませんが、私はご正殿の遷宮年よりも、翌年に行きますね。伊勢っ子は神宮さんのお手伝いに出る家も多くて、お参りよりそちらのほうが忙しいの。お客さまも大事だけど、この時期は、神宮さんの用事が先で、店を閉める人もいますからね」

伊勢の隣町・松阪に住んでいる建築家のG氏からも、興味深いことを聞いた。

「遷宮だからといって、今まで拝んできたご正殿にソッポを向いて、新しい本殿にお参りするのは、なんだか気が引けますよ。前の本殿に悪いような気がする。だから私は年明けまで待ちます。無事に年を越せたお礼をしたあと、お神楽をあげ、お札をいただいてくる。前回の遷宮もそうしました」

年明けといっても、G氏の初詣は5日から7日の間という。首相の公式参拝が1月4日。その他のＶＩＰも三が日に集中するので、上空にはバラバラとヘリコプターの音が響き、ものものしい警備の目をかいくぐっての参拝になる。「とても、心静かにお参りする気分にはなれない」そうだ。

こちらも伊勢の隣町、鳥羽の観光施設につとめるTさんの意見。

「静かにお参りしたい人は、テレビや雑誌がさかんに取り上げている時期は避けたほうがいいよ。20年に1度の遷宮ってことで、初めて伊勢に来る人が増える。そうすると、道を知らないドライバーがそこらじゅうにあふれて、週末なんか渋滞で身動きがとれなくなる。マナーの悪い人が増えるのも、ご正殿の遷宮前後だね。内宮さんに犬を抱いて入ってきたり、駐車場で大学生が花火をしたり……」

ご利益をいただきに行くなら、すいている時期・時間帯を狙うのが得策だろう。Tさんは、遠方に住む友人や親戚には「来年おいで」と助言しているそうだ。

伊勢市内で公務員をしているOさんも「遷宮翌年参拝派」である。

「神社といったら初詣でしょう！　年明けの新しい気分で、新しい神宮をお参りしますよ。

新しい一年の誓いを立ててにね。ご遷宮は10月ですからね。あと二月《ふたつき》経つと年が変わってしまうのに、そんな時期にお参りするのは、少しせわしない。三が日に近くの氏神さまにお参りしてから、少し間をおいて神宮に参拝に行きます」

また伊勢市で食堂を営むDさんは、「うちでは昔から、暮れのギリギリまで神宮さんの御札の世話になります」という。

「ホコリがつくので、大掃除の間は神棚に白い袋をかぶせておいて、家中きれいにして、用意していた新しい御札におとりかえ。神宮さんのお札は、近所の氏神神社でうけられるので、12月の20日すぎにいただいておく。で、日付が変わったら、新しくなった御札に新年のご挨拶です。神宮さんへの初詣は、少し遅いですが7日前後ですね」

お札は年末にお返しして、年が改まれば、新しいお札に向こう一年を託す。

古来から日本人は、「年越し」という一大イベントを、神さまとともに過ごしてきたのだ。

去年《こぞ》今年貫く棒の如《ごと》きもの

高浜虚子《たかはまきょし》の有名な句だが、大晦日から正月に実感される、変わらない確かなものとは、神棚に手を合わせる人々の営みのことなのかもしれない。

先述のDさんのおじいさんの時代には、顔なじみの神宮の神職が家までやってきて、新しい神札を氏子たちにわたし、「翌年もひきつづき、神さまのご加護があるように」と、お祓いしていたという。神宮に限らず、神主が暮れに氏子の家を一軒一軒まわり、御札の交換をすることが暮れの風物詩だった時代があったのだ。


マスコミが大々的にとりあげる平成25（2013）年10月の「遷御《せんぎょ》の儀《ぎ》」の後、年末までの期間は大混雑が予想される。めったに行けない遠方に住む人はこの時期をはずしたほうがよいだろう。10月に行き、何か願い事をするにしても、その年は2ヵ月で終わってしまう。

それよりも年明けまで待ち、向こう一年の願いごとや誓いを立てるほうが、落ち着いてお参りできるし、より長期のご神徳をいただけるように思う。江戸時代の「おかげ年」に参加した人々も、その多くは、「遷御の儀」が終わった翌年の夏までの間に訪れている。

式年遷宮の後は、景気が上向く？

伊勢には昔から不思議な言い伝えがある。「式年遷宮を境に、時代が大きな転換点を迎える」というものだ。キーワードは「正殿の位置《しょうでん》」。

伊勢神宮では、正殿を建てる御敷地（正宮《しょうぐう》）を東半分、西半分に分け、式年遷宮のたびに正殿を交互に建て替えている。このとき、正殿がどちらへ動くかによって、時代の風向きが変わる――というのだ。

東の敷地は「米座《こめざ》」、西の敷地は「金座《かねざ》」と呼ばれ、神が東の「米座」に鎮座したときは世の中が落ち着き、西の「金座」に鎮座すると、動乱の時代がやってくる。

ただ、あまりにも長い不況が続いた日本の状況を考えると、動乱の時代のほうが経済が大きく動き、成功を収める者も増えるのではないか。これについては、金融系、とくに証券関係者の間では、比較的よく知られている話のようだ。

幕末以降の歴史を振り返ってみると……。

1849年～　「金座」　幕末期　黒船来航から明治維新の幕開けに向け激動の時代
1869年～　「米座」　明治の文明開化の時代
1889年～　「金座」　日清・日露戦争
1909年～　「米座」　大正デモクラシーなど大衆文化が開花

１９２９年～　「金座」　世界恐慌から第二次世界大戦、敗戦の動乱
（※敗戦後の混乱により、遷宮が４年延期）
１９５３年～　「米座」　戦後復興と高度成長時代、安定的な成長
１９７３年～　「金座」　オイルショック、バブル経済の絶頂と崩壊
１９９３年～　「米座」　失われた20年、デフレ不況
２０１３年～　「金座」　？

こうしてみると、確かに「米座」と「金座」では、時代の風向きが変わっているようだ。「後付けだ」という人もあるだろうが、20年が、ひとつ若い世代にバトンタッチされるまでの期間と考えれば納得できる。式年遷宮を担う宮大工が世代交代するように、日本経済の支え手も入れかわっていく。

今度の第62回式年遷宮で、神は「金座」に遷る。つまり今後の20年間は「動乱」ということだ。これまでの20年が「戦後最長」の停滞期だったことを思えば、遷宮を境に大胆な変化をもたらす勢力が現れ、この国を力強く牽引し、経済も成長させてくれると期待できるかもしれない。それが「アベノミクス」なのかどうかは、今のところ不明だが。

今度の遷宮で、神が近づく！

伊勢市民は、今度の遷宮で「金座」に正宮が移ることを歓迎している。

これは内宮に限ったことだが、参拝した人はわかるだろうが、内宮の今の正宮は、参道の突き当たりのいちばん奥に鎮座している。それが遷宮により、やや手前に移る。少しだけ歩く距離が短くなるのだ。これを、

「神さまが近づいてきてくれた」

と喜んでいるのである。

また、今の正宮は、参道を左に曲がってすぐの長い階段を上ったところにある。これが老人には少しつらいのだという。けれど新しい正宮の位置は、旧正宮より低い位置にあり、階段の長さも、今の4分の3ほどだ。

これもまた、「神さまが人間に近づいてくれた」と大歓迎なのである。

神さまが近寄ってくれるということは、それだけ願い事を聞いてもらいやすくなる。つまりご利益も多くなるということ。それで伊勢市民の多くは、

「遷宮の後は景気がよくなる！」

と期待しているのである。なんともいい話ではないか！

「内宮から外宮」の参拝は間違いか？

伊勢参りは外宮が先で、その後内宮へ参るのが正式な作法、といわれている。神宮で祭祀を行う際、外宮から先に行う「外宮先祭」という言葉が根拠にあるようだ。そのことで、もめているカップルを見たことがある。数年前だったか、二人は内宮近くの「おかげ横丁《よこちょう》」の入り口にいた。

男の子は「目の前にあるんだから、こっち（内宮）から行こうよ」と手を引くのだが、女の子は「外宮から行かないと失礼だって」。

「そんなのデマだろ、誰から聞いたんだよ」と男の子、「それが常識だって雑誌に書いてあった。ご利益がなくなったらどうするの」と足をふんばる女の子。しだいに険悪になっていく二人に、通りかかった老人が一言、言い捨てて去っていった。

「どっちが先でも同じじゃ。もう、ジャンケンで決めたらええ」

周囲で笑い声が起こると、二人は気まずそうに黙った。

そしてなにやら小声で言葉を交わしたのち、宇治橋《うじばし》のたもとの衛士見張所《えしみはりしょ》へ移動した。

「あのじいさんは信用できない、神宮の関係者に聞いて確かめよう」ということになったのだろう、制服を着た衛士の男性に、男の子が話しかけ、二人は宇治橋を仲良く渡っていった。

衛士があのとき、何と答えたのかはわからないが、神宮会館の参拝ガイドをつとめているT氏によると、「ジャンケンはともかく、そのご老人の答えは正しい」。外宮、内宮、どちらを先に参ってもかまわないというのだ。

「内宮から行こうとすると、外宮を通りすぎてまた戻ってくることになる。伊勢市外から来られる方は、たいてい北から南下するので、北側にある外宮からお参りし、南側の内宮へ向かうのが自然。合理的な理由からそういう慣習が広まっただけでしょう」

順序が逆だからといって、ご利益が薄まることもないそうだ。伊勢市内に30年暮らす旧友に聞いても、「うちは内宮のほうが近いから、内宮から先にお参りする」という。「外宮から内宮」は、観光客用の一般的なルートと考えればよい。

実際、県外から伊勢参りを計画すると、外宮周辺にくらべて、内宮周辺には宿泊施設が極端に少ないことがわかる。ホテルや旅館は「伊勢市」駅から隣の「宇治山田」駅の周辺、つまり外宮エリアに集中している。だから結果的に、遠方からの参拝者は「外宮から先に行くのが便利」ということになる。宿に近い方から行くのは、江戸時代も同じだったようだ。

江戸時代にベストセラーになった滑稽本《こっけいぼん》、『東海道中膝栗毛《とうかいどうちゅうひざくりげ》』の弥次郎兵衛《やじろべえ》と喜多八《きたはち》は、妙見町にある宿屋に宿泊するが、翌朝向かったのは内宮のほうだった。

「内宮の、一の鳥居より、四つ足の御門、猿がしらの御門と通り過ぎ、御本社にお参りした」という記述のあと、宿屋へいったん戻り、昼過ぎに外宮へ参っている。

　しかし、もしあなたが時間がないのなら、わたしは内宮からのお参りをすすめたい。夜明け前に内宮の宇治橋の前に立ち、背後の山から日が昇ってくるのを眺めていると、その光の神々しさが身にしみる。

　外宮には外宮のよさがあるが、市街地に囲まれているせいか、内宮ほどには大自然のエネルギーが感じられない。また、外宮は正面入り口の前を国道が横切り、バス停が並んでいるのに対し、内宮はバス停までの距離が離れていて、鳥居前を車両が行きかうことがない。なぜなら、ここが国道の終着点だからだ。「国道23終点」の標識を見ると、「今から俗世から神域へ旅立つのだ」と身が引きしまる思いがする。

早朝参拝こそ神宮の醍醐味

伊勢神宮・内宮の参拝時間は、
午前5時〜午後6時（1〜4月、9月）
午前5時〜午後7時（5〜8月）
午前5時〜午後5時（10〜12月）
である。なお、12月31日〜1月5日は終日参拝は可能らしい（年によって変更がある場合があるので確認すること）。

——となっているが、参拝するなら早朝にかぎる。

第一に、空気の清浄さが違う。人がいないのが、とりわけよい。宇治橋のたもとに立つと、早朝の日の出を真正面から拝むことが出来る。冬至の日の早朝は、宇治橋の手前に多くのアマチュアカメラマンがやってくる。鳥居の真正面から昇ってくる太陽を拝むためだ。

白い息を吐きながら、闇にたたずんでいると、黒々とした神域の森の輪郭がぼんやりと現れ、金色の光に包まれる。そしてはりつめていた冷気がほのかに温かくなる。そのぬくもりに気づいたとき、私たちは太陽の恵みに気づかされる。ヒトが束《たば》になっても叶《かな》わない、大自然の偉大なエネルギー。このおかげで、自分は生かされているのだと自覚する。そして「これから太陽神アマテラスに会いに行く」という気持ちが、いやおうなく盛り上がる。

早朝参拝のすがすがしさは、五十鈴《いすず》川にかかる宇治橋を渡るところから実感できるだろう。

以前、私は日が高くなってから宇治橋を渡っていたが、いつも橋の左側が白っぽく粉を吹いたようになっていた。ところが早朝に行くと、左右とも生成《きな》りの美しい板目がはっきり見えるのである。なぜ昼は片方だけ白くなるのか？

これは参拝帰りの人々が橋を戻ってくる際、玉砂利を踏みしめたときに砕《くだ》けた白い粉が靴底につくからなのだ。

その汚れを、神宮の職員が毎朝、午前4時台にやってきて掃《は》き清めている。だから5時台に行くと、他人の靴跡を見ずにすむのである。

掃き清められた宇治橋を歩きはじめると、清流・五十鈴川のせせらぎに包まれる。ふと立ち止まり、古風な高欄に身を寄せて眼下を見下ろす。すると穏やかな流れを通して、川底の小石がくっきりと見える。透明度の高いその水をたたえ、宮沢賢治《みやざわけんじ》はこんな歌を詠《よ》んだ。


透明のいみじきたまを身に充てゝ五十鈴の川をわたりまつりぬ

この清流に寄せた明治天皇の御歌《おうた》もある。

さゞれ石の巌とならむ末までも五十鈴の川の水はにごらじ

日露戦争時、大本営にあった明治天皇は、我が身はどうなろうとも、伊勢の神宮に流れる五十鈴川の清き流れのように、日本の国体がとこしえに続くようにと願ったのである。

進行方向右手、五十鈴川の上流を見やると、8本の木杭が立っている。「木除杭《きよけぐい》」と呼ばれている。大雨や台風で川が増水し、倒木や折れた枝が押し流されてきた際、橋梁を直撃するのを防いでいる。せきとめられない場合も、流木の向きが橋に対して垂直に流れていくよう、位置が調整されているのだ。内宮神域内の風日祈宮橋《かざひのみのみやばし》の上流にも設置されている。

この木除杭は、橋を渡る人にまとわりついて束縛するものから、解放する役割も担っているという。これから神さまと対面するのだから、橋を渡るときには「しがらみ」から解放され、無垢な心になっているのが望ましいというわけだ。

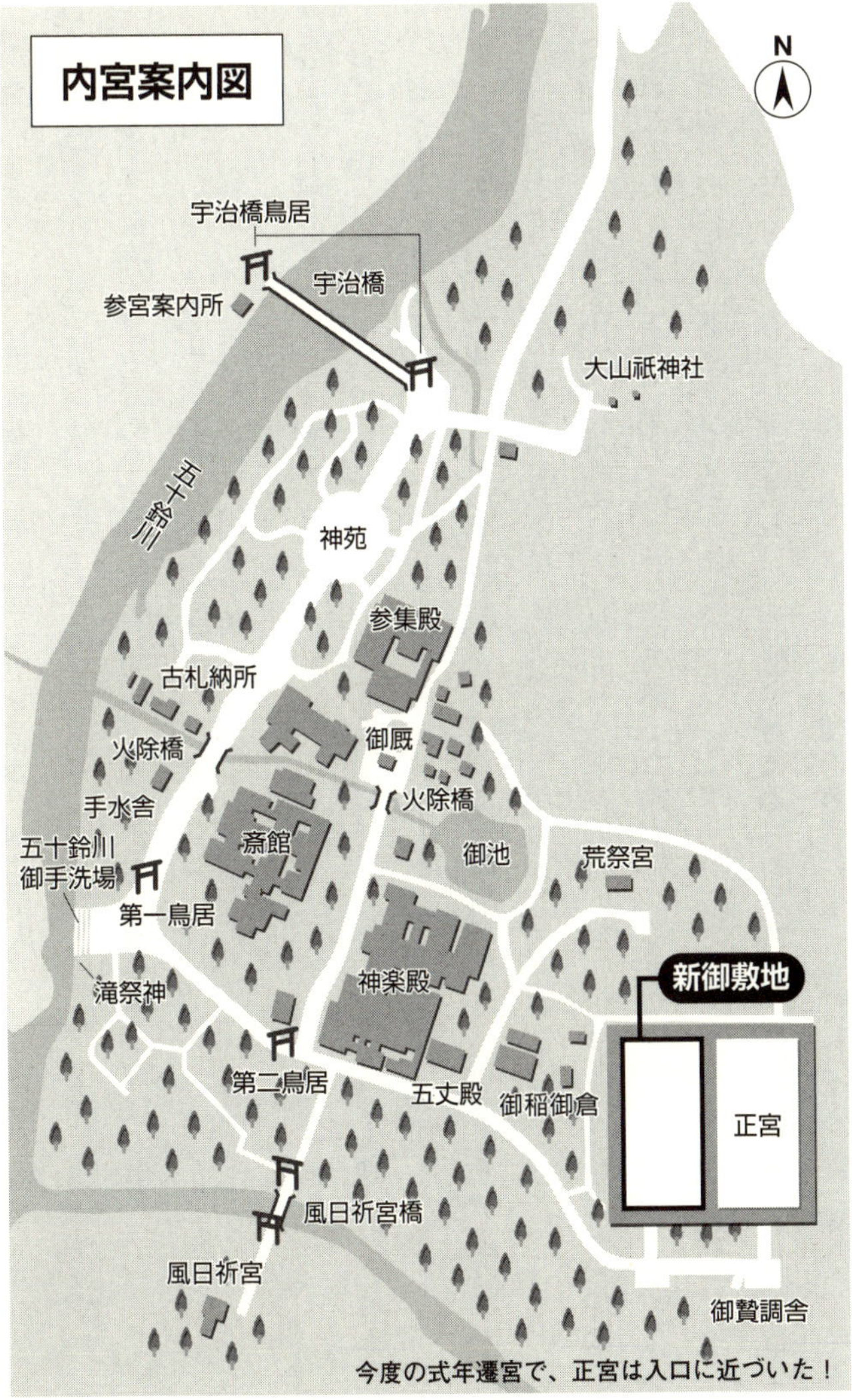
内宮案内図
N
宇治橋鳥居
宇治橋
参宮案内所
大山祇神社
五十鈴川
神苑
参集殿
古札納所
火除橋
御厩
火除橋
手水舎
斎館
御池
荒祭宮
五十鈴川
御手洗場
第一鳥居
滝祭神
新御敷地
神楽殿
第二鳥居
五丈殿
御稲御倉
正宮
風日祈宮橋
風日祈宮
御贄調舎
今度の式年遷宮で、正宮は入口に近づいた！

橋を渡りきり、右へ折れると、玉砂利を敷き詰めた空間が広がっている。私は人気《ひとけ》のない早朝、ここを歩くのが好きだ。聞こえてくるのは、野鳥のさえずり、風になびく葉ずれの音、そして玉砂利を踏みしめる自分の靴音のみ。これから一歩一歩、神域の奥へ近づいていくのだと思うと、自然と気持ちが高揚する。

「正中」は気にしなくてよい

目ざとい人はここで、線状に置かれている灰色の石に気づくだろう。玉砂利の大通りを左・右・中央のエリアに区分けしている線である。

「これは、どういう意味があるんですか」と以前、神宮の職員にたずねたことがある。すると、「混雑してきたとき、歩いていただく場所の目安です」との回答だった。

初詣や特別な祭事のときは参道に人があふれかえり、めいめいが自由に動き回ると身動きがとれなくなってしまう。そんなときは、効率よく人が流れるよう、右側通行を守ってもらう。そのためのガイドラインということだ。

つまり、ヒトの少ない早朝であれば、右側通行にとらわれず好きな場所を歩いてかまわないのである。これも早朝参拝のメリットの一つであろう。

ちなみに、同じ伊勢神宮でも内宮は右側通行、外宮は左側通行となっている。何か特別ないわれがあるのかと聞いてみたら、「ご神域に入る前の御手洗場《みたらし》が、内宮は右側（五十鈴川方向）に、外宮は左側（勾玉池《まがたまいけ》方向）にあるから、そうなっただけです」。

「参道の中央は正中《せいちゅう》といって、神さまの通り道。人が通ってはいけません」と、わけ知り顔に説教する人がいるが、神宮側でそんな作法を強要したことは一度もない。

神職たちがおこなう「神前で蹲踞《そんきょ》する」しぐさが、神社好きの間で模倣《もほう》され、広まっていった——というのが真相のようだ。われわれは神官ではないのだから、彼らと同じ作法を守る必要はないし、そうしないからといって、神さまへの不敬にあたることもない。

ちなみに私は、他人の参拝にとやかく口出しするような人物を信用しない。

「あなたは、神さまから直接それを聞いたのですか」

「参道の真ん中を通っていく神さまを見たのですか」

と思わず問うてみたくなる。他人に説教したがるヒトというのは、たいてい自分の知識をひけらかしたいという煩悩《ぼんのう》にとらわれている。そんな人に、神を感じる感性が備わっているとはどうしても思えない。

私自身は、神さまが客観的に存在するかどうか、といわれたらはっきりノーと答える。にもかかわらず、神宮にくると言葉では説明しつくせない、何らかの気配は感じる。

それは、「神さまが自分を見てくれている」という願望を、捨てきれずにいるからかもしれない。ヒトは勝手なもので、だらしない暮らしをしているときには、「神さまなんかいない」ことにしてしまうが、大仕事をやりとげたり、見知らぬ人に親切にしたりすると、「自分だって捨てたものではない」と得意になり、それを誰かに知ってほしくなる。

そして危機に瀕《ひん》すれば、「これから了見《りょうけん》を改めれば、許してもらえるのではないか」と、都合の良い奇跡を夢見てしまう。

大人になると、ヒトは賞罰とは無縁になる。目上の人に何らかの評価を下してほしいと思うようになるのかもしれない。

大人になっても、できないことはできないし、それを気にして悩む。参拝はそんな不安定な気持ちを薄めてくれる働きがあるように思う。

どんなに文明が発達しても、ヒトの力の及ばないことが世の中にはまだまだ多く残されている。一般人が月旅行にいける時代になっても、それは変わらないと思う。

早朝の神社で「人智の及ばぬこと」に思いをはせていると、こまごまとした悩みや雑念がきれいに洗い流されてしまう。

内宮の基本的な参拝の仕方

ここで参拝の仕方をおさらいしてみよう。

まずは内宮から。宇治橋の手前の鳥居をくぐる前に、丁寧に一礼する人が増えたようだが、ひところ流行ったテレビ番組の影響であろうか。

境内を「神さまの家」と解釈すれば、鳥居はドアにあたる。ドアを開けるときに無言で入るというのは、たしかに失礼になるのかもしれない。しかし、混んでいるときはわざわざ立ち止まり、深々とお辞儀する必要はないだろう。サッと一秒、頭を垂《た》れるだけでも十分と思う。

宇治橋の上は右側通行となっている。外宮では左側通行なので、ややこしい。

さて、この宇治橋には2つの「ご利益」が噂されている。一つは、左右の欄干《らんかん》に一六基ある擬宝珠《ぎぼし》のうち、入り口からみて左側、2つめの擬宝珠に触れるといいことがあるというもの。よくみるとこの擬宝珠だけ、ほかのと色が違う。多くの参拝者がなでていくからだ。顔を近づけてみると、「天照皇太神宮　御裳濯川《みもすそがわ》御橋　元和五己未（1619）三月」の刻印がある。御裳濯川は五十鈴川の別称。伊勢の地にアマテラスをまつった皇女・ヤマトヒメノミコト（倭姫命）が、御裳のすその汚れをすすいだという伝説からきている。

この擬宝珠の中には、宇治橋の守り神・饗土橋姫《あえどはしひめ》神社のお札が納められている。一万回分の安全祈願をこめた「萬度麻《まんどぬさ》」である。あまり知られていないが、この神社も内宮の所管社。内宮の宮域を囲む四方から、邪悪なものが入りこまないよう防いでいる。遷宮で新しくなった宇治橋が完成し、「宇治橋渡始式」が催行されたときも、饗土橋姫神社の前で祭典が行われた。

宇治橋は右側通行だから、この欄干にさわるのは、参拝後のお楽しみとなる。

本来は橋の安全祈願が込められたものだから、「おかげさまで、無事にお参りをすませました」と、お札のはたらきをねぎらってあげたい。地元の人たちは、「橋姫さん、いつもありがとう」と言っているそうだ。

「入り口から数えて3枚目の板を踏むと金運が上がる」というのもある。こちらは根拠不明で、誰が言い出したのかわからないが、実行するなら帰り道がよいだろう。神域に入った途端、カネカネカネと欲望丸出しでは、アマテラスさんもあきれると思う。

そして橋を渡りきったら、ふたたび鳥居をくぐり、右に曲がって広い玉砂利の参道を歩く。ヒトが多い時間帯は、基本的に右側通行を守る。
火除橋《ひよけばし》を渡り、第一鳥居の手前右手に手水舎《てみずしゃ》がある。ここで手と口をゆすぐのだが、鳥居の先に設けられた五十鈴川御手洗場《みたらし》まで降りていって、その清流で手水をとる人が多い。広々とした気持ちのよい空間だ。初夏には対岸の緑が、秋には見事な紅葉も観賞できる。参道から河畔まで石畳が敷きつめられ、ゆるやかな石段を形成している。この御手洗場を寄進したのは、徳川綱吉の生母、桂昌院《けいしょういん》だという。わざわざ降りてくる人が多いのは、古人の由緒ある参拝にならいたい気持ちからだろう。昼過ぎになると、川辺が人で埋めつくされて、待ちきれない人が子どもの間に強引に割り込んだり、手持ちの水筒のフタをとり、水をくんで飲みだすヒトも見たことがある。

いくら川の水がきれいといっても、口に入れるのはおすすめできない。五十鈴川上流はすべて神宮の所有地、民家は一軒もないから生活排水の心配はない。が、野生動物が多く暮らしていることを忘れてはならない。

第二鳥居をくぐり、神楽殿や社務所の前を通り過ぎ、さらに奥へと進んでいくと、突き当たり左にやや傾斜のある石段がそびえる。この上が、アマテラスが鎮座する正宮である。写真撮影ができるのは、この石段の手前まで。ここから先は観光気分をいっさい捨てて、神さまと一対一になるつもりで臨む。

石段の頂上の大鳥居をくぐると、外玉垣《とのたまがき》の南御門の前に至る。その奥に鎮座するアマテラスに思いをはせて参拝となる。


お賽銭はいくら入れるべきか？


一般的には、お賽銭《さいせん》を入れたあとに、二拝二拍手一拝であるが、神宮では内宮・外宮とも正宮に賽銭箱を設置していない。その代わり、大きな白布が広げてあり、そこへ賽銭をおさめられるようになっている。「いくら入れたか丸わかりになるので、連れがいる時はきまりが悪い」とボヤく人もいるようだ。が、あえて言おう。お賽銭の金額で他人の目を気にしたり、悩むくらいなら、いっそ入れないほうがいいと。

ちなみに私は、小銭の持ち合わせがなかったときには、お賽銭を入れないこともある。「次にお参りに来たときに、今日のぶんを持ってきます」と、きちんと伝えはしたが。

また、お願い事はしてもしなくてもいいと思う。感謝を伝えてもいいし、誓いを立ててもいいし、近況報告をしてもいいし、ただ頭を下げるだけでもいい。大切なのは、ここ（伊勢）までお参りに来たという行動そのものである。

参拝が済んだら、もとの石段を降り、参道にもどって今度は荒祭宮《あらまつりのみや》に向かう。籾種石《もみだねいし》という苔《こけ》むした大岩を眺めながら、右の小道へ進んでいくと、右手に樹齢800年ともいわれる杉の巨木が現れる。一部の人々がパワースポットと騒いでいるが、ビートたけしさんがテレビ番組のロケでこの杉にさわって、特別視されるに至ったようだが、神宮側は「神木ではない」とはっきり言っている。すみやかに通り過ぎよう。ここは道が細いから、写真をとったり立ち止まったりすると、後からくる人の道をふさいでしまうのだ。

すぐ先の左手にある御稲御倉《みしねのみくら》、突き当たりの外幣殿《げへいでん》を通り過ぎ、正宮の裏側（北側）に出ると、左手に下りの石段がある。五十段以上はあったと思うが、この中に「踏まぬ石」がある。石の割れ目が「天」の字に見えることから、「天から降ってきた石だから、踏んではならない」といわれるようになった。「天」はアマテラスの頭文字でもあるから、踏んだらお参りの効果が半減しそうではある。正確な位置は失念したが、たしか下段に近い位置（十段目〜十五段目あたり）だったと思う。キョロキョロして足を踏み外さないよう注意しよう。以前、踏まぬ石のまわりで、「これ、天かなあ。人にしか見えないわ。ねえ、どう思う」と話し合っているご婦人グループに遭遇した。天でも人でも、踏んではいけないことに変わりはない。

石段を降りると、前方に荒祭宮をまつった小高い場所があり、そこへ至る石段のど真ん中に古杉がそびえ、参宮客を左右へ振り分けている。

「アマテラスの荒御魂《あらみたま》をまつるこのお宮では、願望を素直に打ち明けてよい」

神宮関係者もそう明言しているだけあって、荒祭宮の参拝にはじっくり時間をかける人が多い。混んでいる時間帯には、石段の下まで行列ができることもある。早朝ならまずそんなことはないが、万が一並ぶ羽目になっても、前の人がお参りを終えるまでじっと待つ必要はない。神さまには一番前の人の声しか聞こえない――と思われがちだが、そんなことはない。

神道には遥拝《ようはい》という便利な手法があるくらいだ。後方からでも気持ちを集中して神さまと向き合えば大丈夫。自分の声が届いたなと思えば、列を抜けて参道へ戻ろう。時間に余裕がないときに、イライラしながら列が進むのを待つのは、精神衛生上よろしくない。

その後、神楽殿の裏手の道を進み、右手の火除橋《ひよけばし》（第一鳥居の手前にある火除橋の上流にあたる）を渡ると、御厩《みうまや》がある。運がよければ神馬《しんめ》が見られるだろう。

その裏手に参集殿《さんしゅうでん》の立派な建物がある。ここは参拝者のための休憩所で、中に小さな売店がある。神宮関連のグッズ（鈴、置物など）のほか、お守りやお札も扱っているので、わざわざ神楽殿のほうへ戻る必要はない。お茶と水は無料のセルフサービス。時間があればいただいていこう。

以上が最短コースとなる。1時間もあれば、余裕を持って参拝できるだろう。

もう少しじっくり回るなら、五十鈴川の御手洗場の脇にある林道から、風日祈宮《かざひのみのみや》へ行くことをすすめたい。神楽殿のある表参道から行く順路のほうが良く知られているが、この林道のほうが静かでヒトも少ない。祭神はシナツヒコノミコト（級長津彦命）とシナトベノミコト（級長戸辺命）。お宮の裏手には、天高くそびえる大きな杉があり、風のある日はザワザワと力強い音で歓迎してくれる。

風日祈宮の手前、五十鈴川沿いには、滝祭神《たきまつりのかみ》も鎮座している。祭神は、五十鈴川の守護神であるタキマツリノオオカミ（瀧祭大神）。社殿はなく、玉垣の側に、石で囲んだ土台があるだけで、そこに神石が置かれている。参道からはずれた場所にあるので、風日祈宮以上に静かで落ち着く「穴場」である。

外宮の基本的な参拝の仕方

他の都道府県から来た人が外宮へ行くときは、ＪＲ伊勢市駅前のバスターミナル正面から、まっすぐ進んでいくのが一番わかりやすい。

だが、北側（右方向）に北御門という、もう一つの入り口があることは、あまり知られていない。江戸時代はこちらが外宮の正面玄関だったのだが、明治期に「伊勢市駅」ができて、バス通りに面した入り口と地位が逆転してしまった。

どちらから入っても、火事が燃え広がるのを防ぐ目的でつくられた「火除橋」を渡る。先述のように、外宮では左側通行である。

「表参道」は、橋を渡った先に手水舎《てみずしゃ》があるが、「裏参道」は手水舎が橋の手前にある。

ここでは表参道からのコースを紹介する。

左手の手水舎（取材に訪れた7月上旬は工事中、遷宮翌年には真新しい手水舎が完成しているだろう）で潔斎《けっさい》して、前へ進むと、右手に「清盛楠《きよもりくす》」が見える。伊勢湾台風で割れてしまったが、平清盛にゆかりがある古木で（詳しくは後述）、神宮では大切に保存している。

ただ、神木ではないので、拝むことはない。古木、大木を見るとすぐに触ったり、抱きついたり、拝んだりする人がいるが、神宮では樹齢数百年の木など珍しくもない。ありがたいとは思っても、一本一本にいちいち反応することはないだろう。

第一鳥居をくぐり、右手前方に伸びる参道のカーブを経て、第二鳥居をくぐり、右手の神楽殿を通り過ぎると、石畳の上に、榊《さかき》が一本植えてあるのが目につく。外宮の守り神、四至神《みやのめぐりのかみ》である。内宮の神楽殿の先にも同名の神さまが鎮座しているが、あちらは榊がないせいか、注連縄《しめなわ》ごしに石にさわろうとする人がいて、神宮関係者に注意されている。ここは軽く一礼する程度でかまわない。

さらに奥へ進むと、右前方にトヨウケ（豊受大神宮）さんの正宮が鎮座している。外玉垣《とのたまがき》の門をくぐってお参りする。アマテラスさんは、長い石段を登っていかないとお会いできないが、トヨウケさんはひょいと門をくぐっただけで挨拶できる。食事の神さまはお高くとまっていないということか。

外宮にも正宮には賽銭箱がなく、白布を広げた上におさめるようになっている。挨拶を終えて門の外へ出てくると、正面にデンとそびえた大きな板塀《いたべい》に気づく。蕃塀《ばんぺい》というのが正式名称だ。外宮に限らず、正宮の入り口のある場所（東・西・北面）にはすべて蕃塀が設置されている。不浄なものの侵入を防ぐとか、参拝者からの目隠しとか、神力の流出防止など、諸説があるようだが、由来は謎に包まれている。

外宮の〝噂〟のパワースポット

蕃塀の外側には御池《みいけ》があるが、その前に目につくのが「三ツ石」である。およそ1メートル四方のささやかなスペースに細い注連縄が張ってあり、中に石が並んでいる。内宮の大杉と同様、ここもパワースポット化されていると噂には聞いていたが、果たして私が訪れたときもやってきた。大学生とおぼしき男女5人のグループ。三ツ石を取り囲むように立ち、手をかざして「お、すごい！」「来た来た。いま何かあがって来た！」「まじで？　どれどれ」。

するど、たまたま通りかかった神官が苦笑しながら近づいていき、

「何にもありません。昔の宮川のあとです」と説明していた。

この石は本来、宮川の支流があった場所を示すもので、かつてはこの場所で禊《みそ》ぎの儀式を行っていた。今は祓所として機能していないが、神聖なスペースだったということで、踏まれないよう結界を張ってある。石はただの目印で、それ以上でもそれ以下でもない。

これもテレビの影響らしい。某有名人、某元総理大臣がやってきて、テレビカメラの前で石の上に手をかざして、リップサービス（?）をしたという。それを見た純粋な人々が、この石を目当てに訪れるようになってしまった。

「パワースポット」を特集すると視聴率がよいのだろう、超能力者や占い師、あるいは霊感の強いタレントを集め、神域をレポートする番組は、私も何度か見たことがある。

花咲じいさんのポチのごとく、神のパワーを強く感じる場所を探索させるのだ。

「おかしな番組のせいでいい迷惑ですよ」と、神宮の人も愚痴《ぐち》を言っているかもしれない。

次に、別宮の「多賀宮《たかのみや》」「土宮《つちのみや》」「風宮《かぜのみや》」に参る。

亀に似ていることから「亀石」と名づけられた石橋を渡り、まず多賀宮へ向かう。

右手に見える土宮、左手に見える風宮は通過する。「多賀宮のほうが格上にあたるため」と神宮のガイド氏が説明していた。

長い石段の上に鎮座する多賀宮には、トヨウケの荒御魂《あらみたま》をまつっている。激しいエネルギーに満ちた魂は、高い場所にまつることになっているのだろうか。内宮と同様、荒御魂には遠慮なく、個人の願い事をしてもいいことになっている。「小屋根がついているのは、落ち着いてお祈りできるようにとの配慮」という説もある。

石段を降りたら、左手の土宮へ。デベロッパーや不動産業の人など、土地にまつわる職業の人から崇敬されているらしい。続いて風宮。

元寇《げんこう》の際、神風を吹かせて国難から守った功績により別宮へ格上げされたという。弘安4（1281）年の7月6日、風宮（当時は風社といった）の宝殿から赤雲の群れが発生して九州まで飛んでいき、蒙古《もうこ》軍を殲滅《せんめつ》させたという。神さまもヒトと同じで〝出世〟するというのが面白い。ちなみに、ここの祭神は内宮の風日祈宮と同じシナツヒコノミコト（級長津彦命）とシナトベノミコト（級長戸辺命）。

外宮は正宮↓多賀宮↓土宮↓風宮の4宮をおさえておけばよいだろう。神馬に会ってみたい人は、一のつく日の朝7時台に来て、お参りをすませたあとに御厩《みうまや》の近くで待っているといい。神楽殿と四至神の間にある裏参道を道なりに行くと、左手に見えてくる。

外宮でのお参りを終えたら、勾玉池《まがたまいけ》の周辺を散策するのも気持ちがよい。初夏は花菖蒲《はなしょうぶ》が美しく、中秋の名月には観月会も催される。

勾玉池のほとりにできた「せんぐう館」（平成24〈2012〉年に完成）への入場は有料だが、併設の「休憩舎」のほうは無料。夏の暑い日には、屋根のひさしの先からミストシャワーが出る。現代ならではの「おもてなし」である。

伊勢神宮崇敬会の大物たち

伊勢神宮がとりわけ多くの参詣者を集めるのは、「天皇陛下や、国を代表する政治家がこぞって参拝している」という絶大な信用力によるところも大きいだろう。

「私幣禁断《しへいきんだん》」といって、中世までは皇族や貴族しか参拝を許されていなかったが、いまは誰もが神宮の境内に自由に出入りできる。明治以降、国によって、伊勢神宮が日本国民の総氏神と位置づけられたためだ。伊勢神宮崇敬会には、トヨタ自動車名誉会長の豊田章一郎《とよだしょういちろう》氏、パナソニック（旧松下電器）の創業者・松下幸之助《まつしたこうのすけ》氏、ソニーの創業者・井深大《いぶかまさる》氏など、そうそうたる顔ぶれが見られる。

「伊勢神宮の氏子《うじこ》になった覚えはない」という人もあろうが、神宮のほうでは日本国籍を有する人を全員、氏子とみなしている。

「お伊勢さんは、そもそも国家の安泰を願うための神さまであり、庶民のちっぽけな願いなど持ち込むものではない」とよく言われるが、何も遠慮することはない。氏神神社は氏子の幸福のためにある。個人のちっぽけな悩みには耳を貸さない、そんなケチな了見であるはずがない。私的な相談、愚痴《ぐち》、どんなことでも受け入れてくれる神社なのだ。

あまり意識されていないが、天皇家は国民の幸せを第一に考え、日々祈りをささげてくださっている。テレビニュースでは「一般参賀《さんが》」「被災地訪問」「各種行事への参加とお手振り」「記念植樹」の様子ばかりが報じられるが、実際のところ、皇族の仕事のほとんどは、「国民の幸せのための祈り」に費やされている。

この祈りは「公務」ではなく「皇室の私的行事」とされ、ほとんどメディアでは取り上げられない。しかし、皇室では常に「国民の幸せ」を最重要視してきたし、それこそが皇室の存在意義であるとの考えを示されている。

宮内庁担当の元記者、山本雅人氏の著書『天皇陛下の全仕事』（講談社）に、このような記述があった。

天皇陛下は、元旦の午前5時半には宮中三殿に並ぶ神嘉殿《しんかでん》の前庭にお出ましになる。陛下はそこで皇室の祖先神が祭られている伊勢神宮に遥拝《ようはい》し、国の安泰と国民の幸福、農作物の豊作などを祈り四方拝《しほうはい》を行われる。元旦の東京の日の出は午前6時50分頃、したがって周りは暗く、厳しい寒さの中での厳粛《げんしゅく》な祈りである。

テレビカメラにはけっして映ることのない天皇の姿。私たちがぐっすり眠っている未明から、天皇陛下はわれわれ国民のために祈る。その回数は、年間30回を超えるそうだ。

今上天皇は、第61回式年遷宮を自らのご発意によりはじめられたという。これをうけて、皇太子・皇太子妃をはじめ、各宮家や旧宮家から、遷宮造営のための献進があった。皇太子は、伊勢市民に混じって御木曳《おきひき》にも参加されている。

そして遷宮の翌年（平成6〈1994〉年）には、天皇皇后両陛下がそろって神宮へ参拝された。

その祈りを受け止めているアマテラスが、国民の「直訴」を無視するとは考えにくい。

願いごとは、「荒御魂」でする

ただ、伊勢神宮崇敬会が経営している神宮会館の参拝ガイド氏によると、内宮、外宮のご正殿では感謝の気持ちを捧げるにとどめ、願い事は、それぞれのアラミタマを祀る「荒祭宮」で祈ることを推奨している。ここが神道のユニークなところで、神社ではパワーの強い神々を、おだやかな「和御魂《にぎみたま》」と「荒御魂《あらみたま》」に分けて祀《まつ》る慣習がある。同じ神の中に、別人（神）のように見えるほど、異なる強い個性が混在していると考えているのだ。

和御魂は、作物を育てる太陽や雨の恵みなど、おだやかで平和的な神のチカラを象徴している。一方、荒御魂は天変地異を起こし、病を流行らせ、人心を荒廃させる荒々しさの象徴とされる。

したがって、現状に満足で、このままの状態が続いてほしいのなら、正殿にある和御魂に「おかげさまで幸せです」と感謝し、恋愛、健康、家庭円満などの「現状維持」を望むのがふさわしい。

転職や受験など、大きな節目を迎えて現状から抜け出したい場合は、アグレッシブな荒御魂にお願いをする。荒御魂はおそろしい災いも引き起こすが、その強烈なパワーの中に、新しい事象や物体を生み出すエネルギーを内包している。「変わりたい」と願う人に、現状打破のきっかけを作ってくれるらしい。

神々と向き合ったとき、自分の願いがあまりにちっぽけだと気づき、気後れすることもある。そんなときは、挨拶をするだけでもいい。私はたいてい、お参りの際、「こんにちは」「ご機嫌よう」と簡単にすませている。

「神さまというのは、機嫌よくしている人が好きなんだ」

そんな言葉を幼い頃、耳にしたせいかもしれない。必死になって神さまに訴えるのが、どうも気恥ずかしいというか、気が引けるのである。

結論。冬の早朝参拝がすべて！

ここで一つの結論を出しておこう。

伊勢神宮の参拝は、式年遷宮の翌年にする。

三が日が終わり、観光客の出が落ち着いたころを狙って、しかも人がほとんどいない早朝に参拝する。これに限る。

先ほど、内宮の参拝時間を書いたが、一年を通して午前5時から参拝が可能になる（12／31〜1／5は終日参拝可能）。ただ、1月の午前5時といったら、まだ真っ暗だろう。ならば6時過ぎ、暁のころに鳥居前にいるようにする。

おそらく人は少ない。

伊勢神宮を独り占めできる優越感を存分に味わえるだろう。

寒さのあまり猫背になるかもしれないが、これから会いに行くのは、神々の頂点におわすアマテラスだ。背筋をぴんと伸ばして歩こう。踏みしめる玉砂利の音が参道に響き渡り、硬い刺激が、靴裏ごしに心地よく伝わってくる。

厳冬の五十鈴川の水は、給湯器の恩恵に慣れきった現代人の手を射るだろう。思わず、身をすくめるかもしれない。だが、ここで眠気は吹き飛び、しゃきっとする。鋭敏になった嗅覚は、新しくなった鳥居の、ヒノキの香りをしっかりと捉えるはずだ。足元はなめらかな舗装道路から玉砂利に変わり、ジャッ、ジャッという石擂れの音が響きわたる。

このように早朝の参拝は、五感をたまらなく刺激してくれる。

思わず神話の世界、太古の人間に還ったような気がしてくる。

それこそ西行《さいぎょう》の歌のように、

何事の　おはしますをばしらねども　かたじけなさに　涙こぼるる

の境地を感じられるはずだ。

私が好きなところは、第二鳥居を越して右手にある風日祈宮である。風の神を祀ってある別宮で、参道から川を隔てた場所にあり、静寂である。あたりの音が消え、木々のそよぎのみが聞こえてくる、まさしく幽玄の境である。

清浄な空気をたっぷり吸い込めば、己にとって何が一番大切なのかがおのずと悟られるようだ。ここで自覚した神さまへのお願いごとは、アマテラスの荒御魂がまつられた荒祭宮へ手を合わせて届けよう。

くり返す。内宮は冬の早朝の参拝がいい。

大勢の人が訪れる時間に行っても、伊勢神宮の魅力は、ほんの少ししか味わえないと思うのである。

余談だが、平成26年の最初の満月は、1月16日である。アマテラスは太陽の神だが、この日の朝早くに、まだ丸い月が空に浮かんでいたら、その参拝は、また一興だろう。

第2章　「式年遷宮」と内宮と外宮の「喧嘩」の歴史

式年遷宮の歴史

1200年をゆうに超える歴史をもつ、伊勢神宮《いせじんぐう》の式年遷宮《しきねんせんぐう》。造り替えるのは正殿だけではない。鳥居、内宮《ないくう》の五十鈴川《いすずがわ》にかかる宇治橋《うじばし》、内宮と外宮《げくう》の境内および境外にある、計14の別宮《べつぐう》の社殿も新たに造営され、中におさまっている神の装束や神宝もすべて新調される。

膨大な労力を要するこの大事業はいつ、誰が、どういう目的で始めたのか。

『太神宮諸雑事記』という記録に、その答えがある。持統《じとう》天皇の2年目、朱鳥《しゅちょう》3(688)年にこのような宣言を行ったと書かれている。

「御遷宮の事、廿年に一度まさに遷御《せんぎょ》せしめ奉るべし。立てて長き例《ためし》と為すなり」

内宮、外宮の遷宮は20年に1度行い、この制度を悠久の慣習とせよ、という内容だ。

式年とは法律のことを示す「式」に定められた年数のことだ。自分の代だけで絶やすことなく、国家事業として永続していくよう求めている。

持統天皇は天武《てんむ》天皇の皇后で、夫の崩御《ほうぎょ》後、皇位継承した人物。遷宮は、天武天皇の遺志をついだものではないかと言われている。

はたしてその2年後、持統4（690）年、内宮の第1回遷宮が行われ、さらに2年後、外宮の第1回遷宮が行われた。

もちろん、遷宮には莫大な資金が必要だった。どのように調達したのだろうか。

その多くは、伊勢神宮の神田《しんでん》や神戸《かんべ》と呼ばれる神領《しんりょう》からの収入で、不足分は国庫から支出した。

だが平安時代になると、貴族や寺社が力をつけ、彼らの荘園が増えていく。その収入は貴族や寺社の私財となり、国庫の収入は減少してしまった。遷宮の費用を賄《まかな》う臨時目的税が考案されたが、遷宮に回せる資金は不足がちになっていった。

鎌倉時代から室町時代、遷宮は幕府の援助で行われたが、寛正《かんしょう》3（1462）年、内宮の第40回式年遷宮を最後に、ついに中断の憂《う》き目《め》にあう。戦乱の世にあって、莫大なカネと人力を要する遷宮の敢行は不可能だった。

そして天正《てんしょう》13（1585）年、第41回式年遷宮がようやく実施された。戦国時代を挟み、実に123年ぶりのことであった。この遷宮を経済的に支えたのが、織田信長《おだのぶなが》と豊臣秀吉《とよとみひでよし》だった。また、尼僧《にそう》の慶光院清順《けいこういんせいじゅん》も、神宮の社殿が荒れ果てているのを憂《うれ》い、勧請《かんじょう》に協力している。

江戸時代に入ると、今度は幕府が支援に乗り出した。第42回式年遷宮の造営料として3万石を供出、伊勢の地においては幕府直轄の山田奉行が造営工事を統括した。

明治に入ると、ながらく途絶えていた「国家主導による式年遷宮」が復活する。遷宮のために政府の機関が設置され、社殿の造営、装束神宝の調進を担当した。

ところが太平洋戦争に敗れ、GHQ（連合国軍総司令部）から政教分離を要求されたことで、伊勢神宮は一宗教法人となり、再び国家の手を離れる。

国に頼れなくなった神宮は、遷宮資金を自己負担と一般からの募財で賄うこととなった。平成25（2013）年の第62回式年遷宮では、総費用570億円のうち336億円を神宮で用意し、残りを一般から集めている。


なぜそんなに費用がかかるのか、平成25（2013）年の遷宮の行事を見てみよう。

・平成25年7月～
「御白石持行事《おしらいしもちぎょうじ》」……新宮の御敷地に白石を敷きつめる行事。旧神領民、伊勢市民、全国から集った特別神領民らが法被《はっぴ》姿で参加する。内宮は川曳《かわび》き、外宮は陸曳《おかび》きで白石を運んで奉納する。

・平成25年9月

「御戸祭《みとさい》」……正殿の扉をつくる。

「御船代奉納式《みふなしろほうのうしき》」……ご神体を鎮める御船代を正殿に奉納する。

「洗清《あらいきよめ》」……竣工した新宮を洗い清める。

「心御柱奉建《しんのみはしらほうけん》」……正殿中央の床下に心御柱を奉建する。

「杵築祭《こつきさい》」……御敷地である大宮地《おおみやどころ》を突き固める。

・平成25年10月

「後鎮祭《ごちんさい》」……新宮の竣工を喜び、正殿が守護されるよう祈る。

「御装束神宝読合《おんしょうぞくしんぽうとくごう》」……新調された装束と神宝を新宮におさめる前に、読みあわせをする。

「川原大祓《かわらおおはらい》」……遷御に奉仕する祭主以下を川原の祓所で清める。

「御飾《おかざり》」……装束と神宝で新宮を飾り立て、遷御の準備をする。

「遷御《せんぎょ》」……アマテラスの御魂を本殿から新殿へ遷す（内宮は2日、外宮は5日）。

「大御饌《おおみけ》」……遷御の翌日、勅使参向のもと、天皇陛下から奉られる幣帛《へいはく》を奉納。

「古物渡《こもつわたし》」……遷御の翌日、古殿に奉納されていた神宝類を新宮に移す。
「御神楽御饌《みかぐらみけ》」……遷御の翌日の夕刻、御神楽に先立ち大御饌を奉る。
「御神楽」……新宮の四丈殿《よじょうでん》で、勅使と祭主以下が参列して宮内庁の楽師が御神楽や秘曲を奉納。

数ある式年遷宮の祭事のうち、神職たちがもっとも緊張するといわれているのが「遷御」の儀だ。大宮司以下の神職は、斎館《いつきのやかた》に参籠《さんろう》して心身を清める。通常の祭りは1日か2日の参籠だが、遷御の前の潔斎《けっさい》は5日をかける。この儀式がいかに重視されているかがわかる。

遷御の儀は、夜にはじまる。内宮の正殿前で参列者が起立すると、その前を束帯《そくたい》をつけた勅使《ちょくし》が随員を従えて御門の前へ進む。

次に祭主、大宮司、少宮司、禰宜《ねぎ》等が続く。太玉串を両手に捧げ持っている。勅使が御祭文を奏上し、大宮司、少宮司、禰宜たちが旧宮の扉を開ける。参列者が低頭して控える中、常夜灯が一斉に消される。なにもかもが漆黒《しっこく》の闇に包まれる。

そこで正殿の階下に控えていた神鶏（役）が三度鳴き、勅使が「出御」と三度唱える。

大宮司、少宮司、禰宜が御神体を納めた「仮御樋代《みひしろ》」を持ち、新宮へと移動する。その前後には神職たちが控え、装束・神宝を捧げ持って共に移る。

アマテラスの御魂《みたま》が新宮へ遷《うつ》ると、常夜灯がふたたび灯る。

その数日後、外宮でも遷御の儀が行われる。続けて内宮の第一別宮「荒祭宮《あらまつりのみや》」、外宮の第一別宮「多賀宮《たかのみや》」の遷御、さらに翌年には14の別宮でも同様に行われる。

神宮の神々は、こうして次々と古い住まいから新居へと移り、清新なエネルギーをとりもどしていく。

目に見えぬ神を新宮へ遷す。それだけのために、神宮関係者は８年前から準備を始める。第62回式年遷宮では、遷宮最初の儀式「山口祭《やまぐちさい》」が平成17（２００５）年５月２日に実施された。

御用材を切り出す御杣山《みそまやま》の山口（山の入り口）に鎮座する神をまつり、用材の伐採・搬出の安全を祈願するのだ。杣《そま》とは、材木をとる目的で植樹している山のことだ。江戸時代の中期より、神宮の御杣山は木曾山になり、現在に至っている。

山口祭が行われた夜、内宮と外宮で「木本祭《このもとさい》」が行われる。この儀式は、両宮の神域内の山中で厳粛に行われる非公開の祭りだ。

6月は「御杣始祭《みそまはじめさい》」。新宮の用材をはぐくむ御杣山で、ヒノキを伐採する前に「御樋代《みひしろ》木」が2本、古式にならい斧で伐採される。御樋代は内宮正殿で、御神体の神鏡《しんきょう》を神座に置く器のことで、最も神聖なものとされる。

御杣山で伐採された御用材は、各地の沿道から賑やかに運ばれてくる。

遷宮用材は先代からの贈り物

伊勢神宮の所有地は広大である。外宮は89ヘクタール、内宮は93ヘクタール。ヘクタールといわれてもピンと来ない人が多いだろうが、前者は東京ドーム約19個分、後者は約20個分（甲子園ならそれぞれ約23個分、約24個分）に相当する。

いかに広いか、おわかりいただけただろうか？

このほかに、両宮を取り囲む「宮域林《けいいきりん》」と呼ばれる広大な森林も加わると、５４５０ヘクタール。なんと伊勢市の面積の26パーセントを占める。

所有地を含めれば、おそらく日本一広い神社ではないだろうか？

そこまで広い敷地が必要なのか、と思う人もいるだろう。むろん、必要なのだ。

この深い森が、式年遷宮には欠かせない。遷宮に使用される用材は、神宮創建以来、宮域林から供給されてきた。

新宮の造営には、ヒノキを中心として胸高直径140センチメートル大径木が数本、同じく胸高60センチメートルの木が6000本以上、同40〜50センチメートルの木材2200本以上が必要だ。合計1万立方メートル、民家なら166軒分に相当する量だという。

ちなみに、直径140センチメートルの木は床板に使用され、樹齢60〜100年を経た古木でなければ、その条件を満たさない。良材を調達するのは、なかなか大変な作業である。

持統4（690）年の第1回式年遷宮から鎌倉中期までは、宮域林から伐り出すだけで間に合っていた。ところが、回を重ねるたびに良材が減っていき、調達が難しくなったようだ。時代を下ると、御杣山は近隣の山へと移っていく。

江戸中期になると、木曽山（長野・岐阜県）が御杣山と定められ、前回の第61回式年遷宮まで、使用した木材の100パーセントが木曽山から供給されていた。

ところが、今回の式年遷宮ではなんと七百数十年ぶりに、宮域林の用材が伐採された。樹齢84歳のヒノキで、胸高直径68センチメートルの立派なものだ。これは、大正時代の森林経営計画のたまものである。

「このままでは天然林のヒノキがなくなる」と危機感をおぼえ、神宮関係者が宮域林に植樹を行うことにしたのだ。宮域林のヒノキは現在も順調に育っており、次回の遷宮ではさらに多くの用材を供給できる見込みだ。

「100年後には100パーセントの供給を目指す」と関係者もはりきっている。

神宮には「営林部」といって、宮域林を担当する部署がある。20人ほどが造林から製材まで行っている。

用材を育てるにあたっては、こまめなメンテナンスが必要だ。大樹候補となる木の幹には白ペンキで二重の線をつけ、その予備軍には同様に、ペンキで一重の目印をつける。

そして定期的に山へ入り、候補木の周囲の木をせっせと伐る。受光伐《じゅこうばつ》といって、樹木全体に日光が届くようにするのが目的。こうすることで、木の育成が早まり、次回の遷宮までには立派な巨木ができあがるそうだ。若芽や木の皮を食べてしまうシカを追い払うのも大切な仕事だ。

営林部の人々は、「御杣始祭」などの遷宮祭儀にも参加する。その際、「倒れる」という言葉はタブー。木が倒れるときは「寝るぞー!」と叫ぶそうだ。

「そんなに貴重な木材でつくったものを、20年で取り壊すなんて」と抵抗をおぼえる方も多いだろう。確かに、合理的とはいえない。だが、遷宮に際して出た大量の古材は、計画的にリサイクルされている。

たとえば、内宮、外宮の正殿の棟持柱《むなもちばしら》は、内宮の宇治橋の鳥居となり、さらにその後、内側の鳥居が、伊勢の入り口の遥拝所にあたる鈴鹿峠のふもとの関の追分に移り、外側の鳥居が桑名の「七里の渡し」に移され、20年使用される。

他の古材も、全国の神社、摂社の修繕などに譲渡され、その後は木製の記念品やお札に加工されて、参拝者の手に渡る。無駄なく使い切る日本の文化は、いまも守られている。

ちなみに、おかげ横丁にある「すし久」の天井梁《はり》は、神宮の棟持柱だったものだ。民間企業として初めて、譲り受けたというのが関係者の自慢の種だ。

20年というサイクルの意味

同じ木造建築でも、寺院の構造と神社のそれは方向性が異なっている。神宮の社殿は、千木《ちぎ》や鰹木《かつおぎ》をのせた茅葺《かやぶ》きで、デザインは直線的。用材は生成りの白木を用いる。一方、寺院は重層な瓦葺《かわらぶ》き、デザインが曲線的で、用材には塗料をほどこす。細かな違いはたくさんあるが、もっとも大きな差は、「耐久性」ということになろうか。言うまでもなく、構造上「長持ち」するのは寺院のほうだ。

茅葺きから瓦葺きに変え、柱は地面に埋め込む掘立式をやめ、石の土台上に築く。そして白木に漆《うるし》加工すれば耐久性は格段に上がる。だが神宮はそれをしない。簡素な茅葺き、掘立式の柱、白木造という様式を守っている。それを維持するために、一定期間で建て替えている。

「唯一神明造《ゆいいつしんめいづくり》」といわれる形式を頑《かたく》なに守っている。

千木のつけ方も、他の神社にくらべて耐久性に劣る。多くの神社では、破風板《はふいた》や垂木《たるき》とは別の交叉した材を大棟の上に乗せる「置千木《おき》」にしているが、神宮では破風板を上までのばして千木にしている。神宮の千木は腐食が進むとそれが破風板に及ぶ可能性がある。

持統天皇はなぜ「20年」という期間限定の社殿にこだわったのだろう。

式年遷宮を開始した当時、日本には唐から伝わった寺院建築の技術がすでにあった。その気になれば20年よりはるかに長もちする神殿を建てられたはずだ。法隆寺の五重塔のように、千年以上の風雪に耐える建築様式もある。あえて長持ちしない、古い様式を採用したのはなぜか。

まず一つ目は、「日本人の祖先が築いた伝統を守りたい」というアイデンティティの問題。現代人からすれば、神社も寺も「伝統的な日本文化」に見えるが、当時の人々にとって、唐は「海外文化」だった。寺院建築が機能的にすぐれているとわかっていても、皇祖神の住まいに、軽々しく唐風を取り入れるわけにはいかなかった。

神明造は、弥生時代中期（紀元前100年～後100年）の銅鐸《どうたく》にも描かれている高倉（高床式の穀倉）と同じ形をしている。高倉はたんなる「物置」ではない。穀物を収めるだけでなく、収穫時には人々が集まって、八百万の神々を招いて酒食を供する、特別な場所でもあった。収穫の喜びと神への感謝がこめられた建物のカタチを神宮に残し、後世に伝えたかったのかもしれない。

二つ目は、技術継承を確実に行うという目的。20年というサイクルは、次世代に技術を継承する上でちょうどよい期間と考えられる。宮大工は20代までは下働き、40代で中堅、60代で棟梁となる。10～20代、30～40代で遷宮を2度経験することで、専門性の高い神社建築の造営技術と知恵を、次世代にわかりやすく伝えられるというわけだ。

三つ目は、20年ごとの遷宮によって、神の力を甦らせるという目的。正殿だけでなく、衣装から宝物にいたるまで新調する徹底ぶりも、神への崇敬の強さをあらわしている。遷宮は神への奉仕の心を忘れないために考え出されたシステムともいえる。

しかし、私が個人的に一番気に入っているのが、参拝時にうける神宮のすがすがしい気配だ。黒々と光り、歴史の重みを感じさせる寺院にも深い感銘を受けるが、神宮の社殿をながめていると、過去に積み重ねてきた後悔、過ちをすべて忘れて、新しく生まれ変わったような気持ちにさせてくれる。

かつて神宮を訪れたドイツの建築家、ブルーノ・タウトは「稲妻に打たれたような衝撃をうけた」と絶賛したが、凝った装飾とは無縁の神宮の正殿には、なんともいえない清明さが宿っていて、見飽きることがない。

神宮のデザインは、古代日本人が生み出した最高傑作なのかもしれない。

建築家の故・丹下健三《たんげけんぞう》はかつてこんな感想を述べている。

「これほどに、長い歴史に耐えてきた正確なフォームがまたとあるだろうか。（中略）日本建築のその後の展開は、すべて伊勢に発しているといってよいだろう。素材の自然なあつかい、形態比例の感性、空間秩序の感覚、とくに建築と自然との融合などの日本建築の伝統は、すべてここに起点をもっている」

はたして持統天皇は、そのことに気づいていただろうか？

外宮と内宮は不仲だった！

伊勢神宮は現在、内宮と外宮およびその摂社、末社でひとくくりとされている。しかし、かつてはそれぞれを異なる一族が運営・管理にあたっていた。

当初、神主として任命されたのは、荒木田《あらきだ》・根木《ねぎ》・度会《わたらい》の三氏（いずれも豪族）だったが、根木家の後継者が絶えた平安時代の中頃から、内宮は荒木田氏、外宮は度会氏が奉祀することになった。この両家の関係は、けっして良好とはいえなかった。

ありていに言うと、金銭トラブルである。神々に仕える神官とて、霞《かすみ》を食って生きているわけではない。

両宮とも、鎌倉時代後期から庶民の参宮が増え、神宮の門前町として発展してきたが、地の利では、内宮の北に位置する外宮の方がはるかに勝っていた。

東からの参拝客も、西からの参拝客も、距離が近い山田の里でまず足を止め、外宮にお参りをする。内宮へ向かうのはその後——というのが定番のコース。結果、両宮の資産に大差がついてしまった。

元弘《げんこう》2（1332）年、外宮の蔵には参宮者から納められた金、酒、菓子が山積みされていた。その一方で、内宮の蔵はスッカラカン。これではあまりにも不公平だというので、内宮の神官たちは外宮に対して、幣帛《へいはく》を均等に分けるよう申し入れた。幣帛は幣物《へいもつ》とも呼ばれるが、要は神さまへ奉献する金品のことだ。

同じように神さまに奉仕しながら、ただ近いというだけで、貧しい暮らしを強いられるのはおかしい——。

ところが、外宮側はその要求を頑《かたく》なに拒否したのである。

「幣帛をどこに納めようが、それは参宮者の自由ではないか」

「幣帛に応じて神楽を奉納しているのは、外宮の神職や楽師《がくし》たちである。その対価を均等に分けよとは、あまりに都合がよいのではないか」

この言い分も一応、筋は通っている。内宮もそれ以上は反駁《はんばく》できなかったようだ。

参詣者の側からすれば、内宮も外宮も「神宮さん」であることにかわりはない。大金を持った参拝客を狙う者もいたから、奉納は早めにすませたいという事情もあり、幣帛は外宮ですませていたと思われる。

内宮を軽視していたわけではなく、外宮に奉納しておけば、内宮にも納めたことになる

――と思い込んでいたのである。内宮と外宮を異なる一族が管理し、幣帛をめぐって裏でいさかっているとは、夢にも思わなかっただろう。

内宮にはほとんど幣帛がまわってこないという事態が起きる。

今でこそ、伊勢参りの玄関口として「宇治山田駅」があるが、かつては宇治と山田に分かれていて、内宮を擁《よう》する宇治と、外宮を擁する山田はそれぞれ、異なる門前町として栄えていた。つまり経済圏として一つではなかった。

「近いほうからお参りしよう」「幣帛は外宮さんですませよう」

そんな旅人のなにげない行動が、思わぬトラブルの種になってしまったわけだ。

とはいうものの、両社の対立はその時に始まったわけではなかった。

内宮と外宮、どっちがエライ？

遡《さかのぼ》ること36年、永仁《えいにん》4（1296）年にも、両宮が火花を散らす事件がおきている。

その対立は深刻で、ときに血みどろの争いにまで発展した。その発端となったのが、「皇《こう》字沙汰文《のじさたぶみ》」と呼ばれる事件である。

度会氏が率いる外宮が、「度会神道」という独自の思想を打ち出して、豊受大神宮（豊受大神）を、皇太大神宮（天照大神）と同等、もしくは「それ以上の存在である」と主張しはじめた。要するに、自分たちのほうが優れていると権威づけようとしたのだ。

なぜそんな行動に出たのか？

その背景にあったのが、律令国家体制の解体である。平安中期以降、武士たちの勢力が強まるにつれて、神官たちを含む貴族階級の権威が弱まり、その経済的基盤が危うくなった。そこで、自分たちの権利だけは守ろうと、内宮を差しおいて自分たちの存在意義を声高に唱え始めたのだ。その中心人物となったのが、度会行忠《ゆきただ》・家行《いえゆき》だった。

あるとき、内宮と外宮が、年貢に関する文書を連名で出すことがあった。その署名に、従来、外宮は「豊受大神宮」と署名していたのだが、その時に限って「豊受皇大神宮」とした。それを見た内宮の神官たちは目をむいた。無理もない。「皇大神宮」とは内宮を指す言葉であり、皇祖神たるアマテラスに奉仕する彼らの誇りでもあった。

「内宮と外宮、二つの宮は車の両輪」などと口では言っていても、それはあくまでも建前。心中は「我々のほうが格上」という自負があったのだ。アマテラスの「食事番」であるトヨウケを祀る外宮が、軽々しく「皇」を名乗るとは失礼千万というわけだ。

しかし、外宮はあくまでも強気だった。度会家をはじめとする外宮の神官たちは、あらゆる文献を引っ張り出して、「豊受皇大神宮」の正当性を主張し始めたのだ。

彼らは彼らで、日ごろの態度から、「自分たちが内宮から見下されている」と感じ、腹に据《す》えかねていたのだろう。いわく、「外宮は雄略天皇により創建されたもので、外宮こそが根源的な太陽神を太古から祭り維持してきた〝本当の〟皇大神宮である」。

なかでも度会家行は過激な行動で、世間を騒がせた。

楠木正成《くすのきまさしげ》の嫡男・楠木正行《まさつら》をかつぎだして挙兵し、足利幕府軍に牙《きば》を剝《む》いたのだ。

このころは、南北朝に分かれて天皇家が真っ二つに割れていた。この政争で南朝方につき、力を見せつけることで外宮の復権をはかろうとしたのだ。

だが楠木正行は四條畷《しじょうなわて》の戦いで討死したため、その野望は叶わず、家行は幕府からは危険人物として目をつけられてしまう。

幕府に逆らって挙兵するという家行の行動に、北朝も激怒し、伊勢神宮禰宜《ねぎ》を解任するよう命じた。しかし、家行はあくまでも「南朝が正統皇室である」と主張して解任に応じず、京都まで乗り込んで反論を試みている。このとき、70歳を超える高齢であった。恐ろしい執念である。それでも無事に生き延びて天寿をまっとうしたのは奇跡といえるだろう。

足利尊氏《あしかがたかうじ》が光明《こうみょう》天皇を擁立し、後醍醐《ごだいご》天皇が吉野へ遷幸《せんこう》すると、内宮の禰宜・荒木田興《おき》時《とき》らとともに玉丸城に拠り、北畠親房《きたばたけちかふさ》を迎えて幕府軍と戦ったりもした。

現代でも、組織内に二人の実力者がいれば、水面下でドロドロした派閥抗争が発生するものだ。それは神に奉仕する神官であっても変わらない。ヒトは組織の中に組み込まれると、認められたい、名誉がほしいという欲求からは逃れられないのだ。

どうやら度会一族は、荒木田一族に対して強烈なコンプレックスを持っていたようだ。

南北朝時代を経て、室町時代に入ると、ついに両宮の争いは流血沙汰に至る。

内宮と外宮の戦争

正長《しょうちょう》2(1429)年、山田外宮の神人《じにん》(地下の権任)と山田の神役人(異姓の職掌人)の土一揆とが争い、放火があり、山田の民家百軒が焼けた。神人は負け、外宮の社頭を戦場として合戦に及んでしまった。

このことは「先代未聞、開闢以来之無き由、言語道断、あさましき事也」と記録されている。

宝徳元《ほうとく》（1449）年、武田という大名が伊勢参りにやってきたので、外宮の案内役が出迎えた。大名に伴い内宮までやってきたところ、内宮の者が「ここから先は入らせない」と外宮の案内人を呼び止め、一の鳥居前にとどめようとした。外宮の案内人は意地を張り、強引に入ろうとすると、

「内宮は我々の領域だ。出すぎた真似をするな」

「いや、武田様の案内人は我らだ。そちらこそお呼びでない」

その小競《こぜ》り合《あ》いは、口だけではおさまらなくなった。罵声《ばせい》とともに拳を打ち合い、刃がすらりと抜かれ、ついに内宮の者が外宮の案内人2人を殺害してしまった。

巻き込まれた大名はいい迷惑である。鳥居前が血で穢《けが》されたのだから当然、参詣は中止である。面子《メンツ》をつぶされた上に身内まで殺され、外宮側が激怒したのは言うまでもない。

彼らはすぐさま山田より南の内宮へ至る参宮道路を封鎖し、弓矢をつがえて本格的な戦に突入、神道がもっとも忌《い》み嫌《きら》う「血の穢《けが》れ」にみずからが染まってしまったのだ。

明徳から慶長までのおよそ200年間で、両宮の紛争は十数回に及んだ。

一時期は国司・北畠家も介入しての争いとなった。宇治と山田の合戦は天文10（1541）年以降、表に立つことはなくなったが、その後も対立感情は長く尾をひいた。

時は下克上、不穏なムードが神官たちの心理を支配していたのだろう。神々へ奉仕するのに、二人の神さまがすぐ近くに鎮座するとなると、なかなか難しいことだろう。

その後も、両宮の対立はことあるごとに現れ、江戸時代に至るまで続いた。

このこじれた関係が清算されるには、明治維新まで待たねばならなかった。慶応《けいおう》3（1867）年、徳川慶喜《よしのぶ》が大政を奉還した翌年、「五箇条《ごかじょう》の御誓文《ごせいもん》」が公布され、明治に改元されると、神宮にも改革がもたらされた。

「神社の儀は国家の宗祀にて、一人一家の私有すべきに非ざるは勿論の事に候——」

こうして神官の世襲に終止符が打たれ、数百年に及ぶ対立は強制終了されるにいたったのである。

「清盛楠」と源頼朝の願文

神宮には過去に歴史上の有名人が大勢訪れている。たとえば平清盛《たいらのきよもり》。先述のように、外宮の参道に入ると、ほどなく「清盛楠《きよもりくす》」とよばれる楠《くすのき》の老木が目に入る。一見、二本の木がからみあっているように見えるが、一株の木だ。根元から二つに割れ、内部が朽ちている。これは昭和34（1959）年の伊勢湾台風で倒れたのが原因らしい。樹高は約10メートル、胸高直径は3メートル。樹齢は900年以上と伝わる。

平清盛は生涯に三度、神宮を訪れた。あるとき、勅使《ちょくし》として外宮に参内した清盛が参道を進んでいる途中、この楠の枝に冠がひっかかった。怒った清盛は、その場で枝を切らせたという。

清盛は伊勢平氏の出で、父と同様、伊勢産品《うぶしな》（津市）で生まれたと言われる。にもかかわらず、神仏への敬意が見られないのは、元から備わった革新的、かつ合理的な性格によるものだろう。

日宋貿易の拠点、大輪田泊《おおわだのとまり》（現神戸港）の工事が、暴風雨の影響で中断したとき、彼は「人柱を建てて祈りましょう」という周囲の助言を一蹴《いっしゅう》している。

しかし、神域の木を独断で切らせたという話は、清盛の傲慢さを世間に印象づけることになったに違いない。

一方、ライバルの源頼朝《みなもとのよりとも》はというと、こちらは神宮に並々ならぬ崇敬を示していた。母が熱田《あつた》神宮の神官の娘で、もともと信仰に篤《あつ》い家風だったのだろう。父・義朝《よしとも》も、頼朝の官位昇進を願って、神宮に土地を寄進している。それにならい、頼朝も養和《ようわ》2（1182）年、平氏打倒の願文を伊勢神宮に奉じている。また、神馬を十頭、金百両のほか、父同様に神領を奉納したという記録が残っている。

「治承《じしょう》六年の願文」には、年貢の免除や神宝の寄付をする旨が記されている。一部を抜粋（意訳）してみよう。


「私は京都への入洛を決め、帝の敵をふさぎ、元の法皇に政をお任せしました。民を慈しむ心を忘れず、神さまへのおまつりもきちんとやり、正しい昔の習慣を継続します。平家であろうと源氏であろうと、不正を働く者は罰し、忠義なものには褒美《ほうび》をお与えくださいますように。

ついでながら、古今の例を調べて、内宮外宮の両方の宮に領地を寄付し、伊雑宮（三重県志摩市磯部町上之郷所在）を立て直し、神宝を寄付することを誓います。（神宮の）東国の領地につきましては、前の通りに間違いなくするように、私が命令書を書いて年貢を免除しましょう。これは、確実にお約束します。

伊勢の皇太神宮様、この手紙をよく読み納めて、上は政治をする天皇から、下は百姓庶民に至るまで、安全で平和に守ってもらえますように、頼朝とその家来達のことを、夜も昼も守っていただけますように、かしこまって申し上げます」

ここから読み取れるのは、平安末期、それまで神社界を支えてきた貴族の力が弱まり、神宮の治安は悪化していたという時代背景だ。

神宮の神官たちは、社殿をこわしたり、神宝を奪うならず者に悩まされて、経済的にも苦しくなっていた。が、朝廷も南北朝に分かれて険悪なムードが漂っていて、神宮に救いの手を差し伸べる余裕はない。そこで、神宮は長らく守ってきた「私幣禁断《しへいきんだん》」の慣例を捨て、武家からの寄進も受け付けるようになっていた。

外宮の権禰宜《ごんねぎ》、度会光親が源頼朝のために祈願したという記録もある。親子にわたり、たびたび寄進をしてくれる頼朝は心強い存在であり、大切なスポンサーだったようだ。

本居宣長と式年遷宮

国学者の本居宣長《もとおりのりなが》は、生涯に3度の式年遷宮を体験している。伊勢市に近い松坂（現・松阪）に住んでいたから、神宮は子供のころから身近な存在だった。宣長の生まれた享保《きょうほう》15（1730）年は、おかげ年でもある。幼少のころ、「おまえの生まれた年にこういうことがあって……」と周囲の大人に聞かされたこともあっただろう。町医者をしながら国学の研究に打ち込んでいたころは、伊勢への遥拝《ようはい》を欠かさなかった。まず内宮のアマテラス、次に外宮のトヨウケに向かい毎朝、拍手《かしわで》を打っていた。

伊勢で商人修業をしていたころは、式年遷宮の御白石持行事《おしらいしもち》にも参加し、神宮の神官をつとめる友人との交流もあった。

宣長の日記には、明和《めいわ》8（1771）年、41歳の時に目撃したおかげ参りの様子が書かれている。「伊勢の大御神の宮に、おかげ参りとて、国々の人共、おびたゝしくまうづる（詣でる）事の有し……」という書き出しで、当時瓦版に出ていたであろう概算人数も書き添えてある。


「閏四月上旬よりしるすところ、はじめは、一日に二千三千の間也、十三日より十六日まで、十萬人にこえたり、十七日より、漸々減じて、又廿四日廿五日は、三四萬人也、それより大坂へうつり、廿六七日には、五六萬人づゝ、廿八九日は、十二三萬人づゝ、五月朔日より、七八萬人づゝ、三日より、十二三萬人づゝ、八日ごろより、いよ〳〵熾《さかり》也、十六日には、二十三萬人に及べり、これ前後の最上也、そのゝち漸々減じて、同月末には、一萬人ばかりなり、凡そ閏四月九日より、五月廿九日まで、五十日の間、すべて三百六十二萬人也、としるせり」

最初は一日2000から3000人だったのが次第に増え、あたり一帯を人が埋め尽くした。5月16日が最多で23万人、閏4月9日から5月29日までの50日間で、なんと362万人が詣《もう》でたという。

「坂内《さかない》川は水が少なく、松坂は舟の便が悪かった」と宣長は参宮者たちを気遣っているが、多少の便の悪さなど人々は意に介さなかった。なにしろ伊勢参りは、「一生に一度は行きたい」特別なイベントだったからだ。

江戸や京都から参宮街道を来た旅人は、坂内川にかかる松坂大橋を渡って松坂の町へ次々と押し寄せた。宣長の住む町は、この松坂大橋にほど近い。のちに宣長の養子（本居大平）となる門弟・稲掛茂穂も「おかげまうでの日記」の中でその様子を記録している。彼は宝暦《ほうれき》6（1756）年生まれだから、当時16歳。

数人ずつ渡し舟に乗せていたのでは追いつかないので、船頭たちはめいめいの舟を数珠繋《じゅずつな》ぎにぎっしり並べ、「船橋」をつくっていた。参宮客にその上を歩かせている様子に、少年は目を丸くしていた。

宣長が国学者になるきっかけとなった、師匠・賀茂真淵《かものまぶち》との出会いも神宮がきっかけである。宝暦13（1763）年5月25日、かねてから尊敬していた真淵が参宮のために松坂を訪れていると知り、宣長は宿屋まで押しかけた。それが縁でふたりは師弟の契《ちぎ》りを結び、宣長は本格的に古事記の研究に邁進する。

「これも神宮さんのおかげ」と、宣長は思っていたことだろう。伊勢国にいる、それだけで尊い出会いがもたらされる不思議。あれだけ多くの人間を一斉に引き寄せる伊勢のカミサマは、やはりただものではないと感じていたに違いない。

寛政《かんせい》2（1790）年、宣長は式年遷宮の翌年に開かれた祝賀歌会に招待された。そこで宣長は、こんな歌を奉納している。

くもりなき御代も宮居もやた鏡千たび八千度うつりますまで

内宮にまつられる八咫鏡《やたのかがみ》も、新しい宮に千回も八千回も遷ってほしいことだ。

勝海舟の父・小吉の「抜け参り」

勝海舟《かつかいしゅう》の父・勝小吉《こきち》は若い頃、二度にわたり「抜け参り」（102ページ参照）をした。

一度目は14歳、二度目は21歳の時、いずれも家族に無断で江戸を出奔《しゅっぽん》したと記されている。『夢酔独言《むすいどくげん》』に、その様子が詳細に記されている。

「毎日毎日、乞食をして伊勢大神宮へ参った」とあるから、道中は街道沿いの大人たちの情けで、小銭や食べ物を恵んでもらっていたのだろう。

だが、宿は見つからなかったようで、「夜は松原、川原、または辻堂（道端のお堂）に寝たが、蚊に責められてろくに寝られなかった」とある。

けれども伊勢の相生の坂で、自分と同じ乞食と仲良くなり、「龍太夫と云う御師の処へ行って、『江戸品川宿の青物屋大坂屋の内より抜け参りに来たが、しばらくの間、泊めてください』と言えばいい」という耳寄りな情報を得る。そして、まんまと御師の屋敷へもぐりこむことに成功している。

「その通りに云ったら袴を着た男が出てきた。帳面を持ってきて、何度も何度もそれを見ていたが、『奥へ通れ』。恐る恐る通ったところ、六畳ばかりの座敷へ俺を入れて、少したってその男が来て『湯へ入れ』と言うから、久しぶりで風呂へ入った。風呂からあがると『そまつなものだが、御膳を喰え』と色々うまいものを出してくれた。腹いっぱいやらかした。

そこで俺が思うには、『いっその事、金も借りてやろう』と、道中にて護摩《ごま》の灰にあったと云って、『路銀を二両ばかり貸して呉れるよう頼む』と云ったら、『龍太夫へ申し聞かせ』とて引っ込んだ。少し間が有って俺に云うには、『少しですがこれをお持ち下さるよう』と、壱貫文銭千文＝実960文（約1／5両）もくれたので、もらって早々に逃げ出した」

小吉のとっさの機転（というより悪知恵だが）、大胆な行動力は、伊勢参りで磨かれたに違いない。その血をひく海舟も、父小吉から抜け参りの話を聞き、さまざまな土地へ行き、見聞を広める大切さを知った。異文化を冷静に受け入れられる数少ない日本人だった勝海舟、その原点に父の若い頃の体験も、多分に影響しているのではないだろうか。

〝ええじゃないか〟と、お伊勢参り

「幕末におきた〝ええじゃないか〟は、明らかに伊勢の「お陰参り」の伝統を利用して、政治的に引き起こされた大衆混乱であった」

歴史学者の藤谷俊雄氏がそんな興味深い説を唱えている。

「ええじゃないか」は、江戸時代末期、慶応《けいおう》3（1867）年7月から翌年4月頃まで、近畿、四国、東海、そして江戸付近などで発生した。

「天からお札（神符）が降ってくる、これは、すばらしい慶事《けいじ》の前触れにちがいない」そんな噂とともに、民衆が仮装し、あるいは半裸になって、「ええじゃないか」を連呼しながら街中を練り歩いた。日本史の教科書では、「世直しを訴える民衆運動」などと紹介されてきたが、誰が何を目的に始めたのか、そのルーツははっきりしない。

「今年は世直り、ええじゃないか」、「日本国の世直りはええじゃないか、豊年踊はお目出たい」と、改革を唱える人々がいる一方で、「御かげでよいじゃないか、何でもよいじゃないか」と褌《ふんどし》一丁で騒ぎ立て、他人の家にあがりこんで、飯を勝手に食いちらかす輩《やから》もいた。純粋な民衆運動だったのか、たんなる乱痴《らんち》気《き》騒ぎに過ぎなかったのか、判別しづらいところがある。

近畿や四国などの西日本圏では、「ええじゃないか」という掛け声が見られたが、東海地方になると、そのような掛け声はなく、「お札が降ってくる」という噂だけが共通している。

このお札は、おそらく神宮大麻のことをさしていると思われる。

お伊勢参りのブームに火をつけた立役者、御師たちが神札を配りあるき、「布教」のとっかかりとしていたことは、第1章でも述べた。ことによると、参宮を盛り上げるために、彼らが仕掛けたことだったのかもしれない。

遊郭・古市の大事件

内宮と外宮をつなぐルートは現在、御木本《みきもと》道路と御幸《みゆき》道路の2つが知られている。しかし、かつては「古市《ふるいち》街道」のみだった。街道沿いの町・古市は、江戸時代の後半、神宮に負けないほど大勢の人であふれかえっていた。とくに男たちは胸を躍らせながらこの道を通った。江戸吉原、京都島原、大坂新町、長崎丸山とともに「5大遊里」に名を連ねた色町だったのだ。その繁栄を支えたのはもちろん、おかげ参りで全国からやってきた参拝客たちである。

天明《てんめい》年間（1780年代）のピーク時は、70軒もの妓楼《ぎろう》が軒を連ね、遊女は1000人を超えた。この界隈を通る人はいつも、宿の窓から漏れ聞こえる三味線の音、にぎやかな歌声、カチカチと猪口《ちょこ》の鳴る音を聞いたことだろう。

古市の遊郭は、十返舎一九《じっぺんしゃいっく》の滑稽本『東海道中膝栗毛』にも登場する。弥次《やじ》さんと喜多《きた》さんは、小田の橋（外宮と内宮を結ぶ橋）を渡ってすぐの妙見町（現尾上町）の旅籠「藤屋」

に宿をとると、さっそく古市へ遊びに行く。通常、遊びは参拝後の「精進落とし」に行くものだったが、弥次さん喜多さんは順番が逆転している。夕飯がすんで一服していると、「そうだ。今夜、これから古市へ行こかいな」と、道中で親しくなった上方男に誘われる。「まだ、内宮も外宮も参拝してないのに」と一瞬ためらうものの、もとより遊び好きな二人、「ままよ、行きましょう」とアッサリ承諾している。伊勢の人たちは、古市へ行くことを符丁《ちょう》《ふ》で「山へのぼる」といった。男たちにとっては「山のぼり」こそが、参宮のメインイベントだったのだ。古川柳にこんなのがある。

伊勢参り　大神宮にもちょっと寄り

参宮は表向きで、その実は遊ぶために伊勢を目指した輩も少なくなかったのだ。ところで、古市といえば、妓楼「油屋」で起きた事件が有名である。

寛政8（1796）年5月4日夜、地元の町医者・孫福斎《まごふくいつき》が、古市の遊廓・油屋にやってきた。油屋は古市のなかでも指折りの大店《おおだな》で、抱えの遊女が24人いた。その中から斎の相手に選ばれたのは、16歳のお紺。だが、その日はやけに混んでいて、隣の部屋の団体客のドンチャン騒ぎがやかましい。不愉快そうに眉をひそめる斎。お紺が話しかけてもブスッとしたままで、座は白ける一方だった。やがて店が立て込んでくると、お紺は別の座敷に呼ばれ、中座したまま戻ってこなくなった。

その座敷は阿波《あわ》から来た商人一行で、なかなか羽振りもよく、座敷は大いに盛り上がっている様子。待ちぼうけを食らわされた斎は、「馬鹿にするな」と使用人を呼びつけ、ネチネチと嫌味を言い始めた。

「今日のように混んでいる日は、女の数が足りなくなることもあります。どうかご勘弁を」

周囲になだめられ、ようやく落ち着いた斎は「もう帰る」と、立ち上がる。

下女はほっとして、預かっていた脇差《わきざし》を玄関先で手渡そうとした。その途端、斎は脇差を抜いて切りかかり、そばにいた下男にも手をかけた。返り血を浴び、半狂乱になった斎は、「お紺はどこだ、お紺を出せ」と叫びながら部屋に駆け戻り、逃げ惑う人々を無差別に切りつけていく。お紺はなんとか逃げおおせたが、死者2名、負傷者7名を出す大惨事となった。

我に返った斎は油屋から逃走したが、その10日後に自刃《じじん》して果てた。「もはや逃れられない」と悟ったのだろう。

全国各地の参拝客がひしめく古市のことだ、この刃傷事件は、瞬《また》く間に日本全国に知れ渡った。騒動の一因となったお紺は、一躍有名人である。

「そこまで執着するのだから、お紺という女はよほど美人だったのだろう」

「孫福という医者は、どんな男だったのか。お紺から直接聞いてみたい」

噂は噂を呼び、油屋にはお紺目当ての客が押しかけたという。

大坂の歌舞伎作者・近松徳三《ちかまつとくぞう》はさっそく、この騒動をネタに『伊勢音頭恋寝刃《いせおんどこいのねたば》』を書き、大当たりを取った。同作は現在も頻繁に上演される人気演目で、当代の片岡仁左衛門が得意としている。近隣の寺（大林寺）の一角には「孫福斎」「油屋おこん」と刻まれた墓が並び、「油屋騒動」が演じられる時は、出演俳優が墓参に訪れている。

歌舞伎では、孫福斎が福岡貢と名を変え、医師ではなく伊勢の御師《おんし》（前職は武士）という設定。お紺は貢のなじみの遊女で、貢を陰で支える健気な恋人として描かれている。

御師はツアーコンダクター

御師は、「参宮のツアーコンダクター」として、庶民にもなじみ深かったし、参拝客を連れて色町へ案内するのも仕事のうちだった。

顧客を多く抱える者はかなり裕福で、なじみの遊女を恋人にしたり、ときには身請《みう》けすることもあったらしい。舞台が伊勢なら、遊郭に御師が出てきてもまったく不自然ではなかった。

芝居のクライマックスは、遊女たちが伊勢音頭を披露している回廊に、血まみれの刀を下げた貢が乱入する場面。斬新かつ刺激的な演出に、当時の観客は拍手喝采した。

『伊勢音頭〜』は、古市歌舞伎と呼ばれる地芝居でも上演されたが、あまり長続きはせず、もっぱら江戸や大坂の芝居小屋で人気を集めた。さすがに、地元で起きたばかりの無差別殺人事件ということで、遺族への配慮から自粛に至ったのだろう。


生き残ったお紺もいたたまれなかったはずだ。彼女は49歳で病死している。人殺しの墓と隣同士なんて、冗談じゃないわと怒っているかもしれない。

ところで、伊勢音頭は当時の参宮客の間では「荷物にならない伊勢土産」として大変な人気があった。盆踊りの原型ともいわれる、ごく素朴な手踊りというが、どこに魅力があったのだろうか。

大店では伊勢音頭を売り物にしていたので、専用の舞台を店内に設置していた。大広間の上座に観客を座らせ、正面にしつらえた欄干つきのコの字形の回廊で踊りを見せる。チョーンと拍子木が鳴ると、十数人の踊り手が左右から登場し、踊りながら中央へ進み、正面ですれちがって反対側へ退場する。これを「伊勢音頭の総踊り」といった。

見物料の相場は、客が10人未満の場合は1両（約6万円）、10人以上だと2両（約12万円）。けっして安くはない値段だが、旅先の散財としては許容範囲だったのだろう。

当時の旅の記録に「天人カ亦は皆小野小町ノ如シ」などと記録されている。店側も「ぼったくり」と悪口を言われないよう、頑張ってきれいどころを揃えていたようだ。

豪華な衣装を間近で見られるのも魅力だった。黒縮緬《くろちりめん》に桜を散らした揃いの衣装、錦紗縮緬《きんしゃちりめん》に御所車《ごしょぐるま》をあしらった帯、髪には美しい櫛《くし》や笄《こうがい》を挿《さ》した華やかないでたちは、「必ず見るべき」と絶賛されたほどだ。

「この中の誰がいいか」と男同士でひそひそやったり、牽制しあうのも、伊勢音頭の密かな楽しみだった。踊り子たちの多くは、客の指名に応じて「一夜の伽《とぎ》」をつとめる。娼婦を兼ねていたのである。踊り子のほうも、好みの男が視界に入れば、自ら秋波を送ったりしたかもしれない。

昼間でも障子を締め切り、ボンボリに灯を入れていたのは、踊り子を美しく見せ、客を色っぽい気分にさせるための演出だったのだろう。

伊勢音頭の総踊りは、女性客も入場させ、見物だけは男女混合でおこなわれた。団体客のなかには当然、夫婦者も混じっていただろう。夫婦で見物したあと、夫だけが夜にこっそり戻ってきて——ということもあったかもしれない。


現在の古市は、遊郭はおろかスナックの一軒も見当たらない普通の住宅地である。その中で唯一、当時の面影をしのばせるのが、木造6階建ての旅館「麻吉《あさきち》」。文化財指定もされている歴史的建造物だが、現在も営業中。小さいながら駐車場もある。

古市街道沿いの建物の多くは、斜面にへばりつくように建っているが、ここも御多分にもれず、急勾配の石段が建物を切り裂くように縦断している。渡り廊下を見上げながら石段をおりていくと、目の前はビュンビュンとクルマが横切る国道。ドライバーからは、黒々とした板塀に、大きなゴシック体で「麻吉」と書かれた看板が一瞬、目に入る。ここが旅館だと知っている人は、どのくらいいるのだろう。

京都の会社員D氏は、「麻吉」を定宿にしている。

「月曜に休みをとれる時は必ずここへきます。日曜の宿泊は料金も安く設定されていて、予約も取りやすく、運がよければ貸切状態です。内宮からも外宮からも距離がありますが、昔のお大尽《だいじん》気分が味わえるのが気に入っています」

麻吉の脇の石段は通学路になっていて、月曜の朝は、地元の小中学生たちの声が聞こえる。それを聞くと、平日に寝転がっていられる幸福感がきわだって、たまらないそうだ。

「施行」のおかげで無銭旅行

庶民がこぞって参加したというおかげ参り。それなりに金もかかるだろうに、どうやって費用を調達したのだろうか。

「金がなければ旅も出来ないだろう」と思われるかもしれないが、これだけのブームになるのだから抜け道はあった。それはカネをもたない者に施しをする「施行《せぎょう》」という慣習だ。「どちらへ行きなさる？」と問われ、「お伊勢さんへ」と答えれば、街道沿いではどこでも歓待をうけた。

文政《ぶんせい》13（１８３０）年の出来事を記した『御蔭参』という記録には、施行のことがくわしく書かれている。

「六十余州の国々より都鄙《とひ》貴賤の分かちなく、老若男女打ち群れて心安げに参詣なす事引きもきらず」

「おのおの柄杓《ひしやく》をたずさへて、心はいそいそ嬉しげに、行人ごとに深切（親切）な浪花気形の施行もの、米、銭、団子、握り飯、餅や煎豆、あめ煎餅、茶の摂待（接待）に味噌、昆布、笠よ手拭ひ、杖わらぢ、同行がきの油紙、水のかはりの薬から心をつけて毒消しの丸薬散薬、とりどりが止てあたへる報謝宿、其余いろいろ種々に軒をならぶる形勢はいとも見事に殊勝なり」

背や腰に差した柄杓は、「抜け参りの参詣人」の証で、それと見れば親切な人々は自ら声をかけて、食事やお菓子、路銀《ろぎん》から薬まで恵んでやった。

柄杓は今も神社の手水舎に置かれて、お清めのときに使われる。柄杓＝参拝＝お伊勢参りということになったのだろう。

いずれにせよ、御馳走《ごちそう》をたらふく食べ、至れり尽くせりというわけにはいかないが、一文無しで家を飛び出しても何とかなったことが知れる。

『御蔭参』に書かれているのは大坂の街道でのことだが、伊勢に入っても厚いもてなしは続いた。

丸薬で有名な万金丹《まんきんたん》本舗野間家の記録によると、銭、粥《かゆ》、草鞋、握り飯などの施しは当たり前で、ときには施行の船や駕籠《かご》（無料で乗せてやった）、施行の宿まで用意した。無賃で泊めてやった旅人は2163人にものぼったらしい。

だがこれらの施行をする側も、たんなる親切心だけではなかった。施行という善行を積むことで、神徳（ご利益）が得られると信じていたのだ。

疲れた旅人を癒し、励まし、力づけ、無事に伊勢神宮へ送り届ける。自分自身は今、お参りにいけないが、目の前の参宮人へ精一杯のもてなしをすることで、己の信仰心を神さまに届けたいという思いが込められていた。

施しをうける者は、「ありがたや、これも大神さまのおかげ」と喜び、送り出す者は「街道のにぎわいは、大神さまのおかげ」と伊勢に向かって遥拝する。

こうした、神さまを介したコミュニケーションのなかに、御蔭参りの精神が凝縮されている。同じ神さまを信仰するもの同士、助けるのが当たり前で、街道でうけた親切に感謝を捧げることで、恩に報いたのである。

「抜け参り」でもお咎めなし
「伊勢に行きたい伊勢路が見たい　せめて一生に一度でも」

伊勢音頭の有名な一節だ。

伊勢には行ってみたいが、むろん今のように便利な交通機関は存在しない。江戸時代、庶民はみな徒歩で旅に出た。尾張（名古屋）からは3日、大坂（大阪）からは5日、江戸（東京）からは15日。九州や東北からになると、なんと１００日という長い長い道程であった。

当時の庶民（とくに農民）は、生まれた土地から出ることが許されなかった。にもかかわらず、これほど大々的なブームが起きたのは、「伊勢参り」に限っては特別に免除される風潮があったためだ。

「お伊勢さんに行く」といえば、仕事の途中でも抜け出すことが許された。

ふだんなら警戒される「よそ者」でも、柄杓片手に伊勢参りと言えば自由に往来できた。「江戸の○○講に所属している」などと申告すれば、旅費まで出してくれる人もあったらしい。伊勢参りは一種の社会的安全弁としても機能していたのではないだろうか。

彼らは街道沿いの住人等が無償で行った「施行（施し）」により、無銭でも無事に伊勢までたどり着けたのである。ある者はにぎり飯をふるまい、笠やわらじを無料で配り、農耕馬を使って旅人を運んでやる。これらは全て、伊勢への信仰心の表れで、お参りする人々への好意と理解が示された結果だった。

講を代表して伊勢に向かう者がいる一方で、家族に隠れてこっそりと、あるいは奉公先の主人に黙って、単独で旅立つ者も少なくなかった。なかには子供だけで伊勢に行ったという話もある。こうしたケースは「抜け参り」と呼ばれていたが、後々ばれても、お咎《とが》めをうけることはなかったようだ。

今でも、受験生の子どもが「合格祈願に行きたい」といえば、親は喜んで送り出すだろう。それと同じで、伊勢参りは商家にとっては「商売繁盛」、農家にとっては「五穀豊穣を祈る」という立派な大義名分になった。

犬のおかげ参り

外宮の北門を入り、火除橋をわたるとすぐ左に石垣がある。その一隅が、ややくぼんでいるのをご存知だろうか。

ここは文政《ぶんせい》13（1830）年、江戸時代のおかげ参りがピークを迎えた際に、人々が柄杓を置いていった場所だ。彼らは「お蔭様《かげさま》」などと書かれた柄杓を帯にはさんでいた。それを見ると、通行人は「ああ、お伊勢さんに行くんだな」とすぐに理解した。柄杓は参宮者の目印であり、見かけると、中に食べ物や銭を入れてくれる親切な人もいた。そして参宮者は外宮に到達すると、不要になった柄杓を置いていったのだ。参宮には行かず、施し目当てに柄杓をもってウロウロする者もいたようだが……。

文政13年の参詣者の総数は486万人。このときの発端は阿波で、少年たちの抜け参りがきっかけとなっている。その一行に、一匹の小さな犬が混じっていた。

「おさん」という犬である。

飼い主はおさんの首にお金を入れた袋をくくりつけ、伊勢参りの人々に預けた。阿波からの道のりはけっして楽ではなかったろうが、渡し船の船頭、旅籠の主人、街道に店を構える人々などが、寄ってたかっておさんの伊勢参りを助け、どうにか伊勢にたどりついたようだ。「阿波から、お参りの犬がきたそうな」

伊勢の古市町の住人は、おさんの姿を見つけると、無事に参詣を済ませて帰国できるように、取り計らってやった。

おさんは、神官に神宮大麻をもらい、阿波へ帰る人々に連れられて元気に立ち去っていったそうだ。

犬の伊勢参りは当時、さかんに行われていた。とはいえ、海を渡ってまでやってくる犬は珍しい。おさんの話はしばらく、伊勢っ子の間で語り草になった。

『東海道中膝栗毛』とお伊勢参り

十返舎一九の『東海道中膝栗毛』は、庶民のお伊勢参りの実態を知るうえで最適の資料だ。

「お江戸は神田八丁堀あたりに住んでいた弥次郎兵衛と喜多八というなまけ者が、箱根に向けて旅立った……」というような書き出しで、神宮までの珍道中を面白おかしく描いている。

当時、一九はまだ無名で、初版は主人公が箱根関所を越えたところで終わっていた。ところが、この本は売れに売れ、続編を望む声が殺到した。

一九はあわてて続きを書き、2編、3編と相次いで出版した。弥次さんと喜多さんが伊勢をまわり、大坂に到着したのは、8編目の作品である。

物語が完結したあとも弥次・喜多の人気は衰えず、愛読者のリクエストに応えて『続膝栗毛』が出版された。
『東海道中膝栗毛』がこれほど支持されたのは、読んで楽しいだけでなく、旅に役立つ知識がふんだんに盛り込んであったからだろう。伊勢参りを計画している人にとっては恰好の「ガイドブック」になった。二人の失敗は、これから旅立つ人たちにとっては、いい反面教師になる。ためしに、15日間の二人の旅程を抜き出してみよう。

1日目
・早朝、神田八丁堀の長屋を立つ。
・抜け参りの子供にだまされる。
・戸塚宿の旅籠に泊まる。
2日目
・熱い団子で口をやけど。
・小田原宿で喜多八が五右衛門風呂の底を踏み抜く。
3日目

・道中ふんどしを頭にかぶって恥をかく。
・三島宿の旅籠で夜すっぽんに食いつかれる。
4日目
・胡麻《ごま》の蠅《はい》に有り金を全部盗られる。
・木賃宿で夜這いに失敗。
5日目
・安倍川遊郭で豪遊する。
6日目
・田舎親父と一悶着あり、茶屋で食い逃げされる。
・安倍川越えで人をだまし、川に落とされる。
・丸子宿のとろろ汁屋で夫婦喧嘩に遭遇。
・岡部宿の旅籠相良屋へ泊まる。
7日目
・大井川の渡しで偽侍を演じ、人足賃をねぎろうとしてばれる。
・日坂宿の旅籠で巫女と一悶着。

8日目
・浜松宿の旅籠で幽霊騒動に巻き込まれる。
9日目
・渡し船に蛇が出る。
・籠かきの金を使って一騒動おこす。
・狐と間違えて喜多さんを縛り上げる。
・赤坂宿の旅籠に泊まる。
10日目
・草鞋代をねぎって一悶着。
・宮宿の旅籠鍵屋に泊まる。
11日目
・七里の渡し舟の上で小便騒動。
・四日市宿の旅籠で石地蔵を抱いて寝る。
12日目
・馬に乗ったら借金騒動に巻き込まれる。

・偽十返舎一九事件。
・松坂宿の木賃宿に泊まる。
13日目
・江戸の米屋太郎兵衛の大々講に紛れ込む。
・妙見町の旅籠藤屋へ泊まる。
・古市の千束屋で女郎と遊ぶ。
14日目
・内宮参拝後、藤屋へ戻って出立。
・外宮参拝。
・天の岩戸で弥次さん腹痛を起こす。
・広小路の旅籠で藪医者に誤診される。
15日目
・伊勢本街道を経て奈良から京都へ向かう。
その後、伏見、京、大坂で遊ぶ。

よくもまあネタがつきないと感心するほど、日々、何かしら騒動がおきている。

弥次さんは内宮・外宮への参拝後にも、ごちそうの食べすぎで腹痛をおこしている。

だがそれまで散々ふざけてきた二人も、さすがに神域では衿《えり》を正し、騒動をおこすこともなく、おとなしく参詣しているのがおかしい。

「やはり宮めぐりというのは、自然と感涙、肝《きも》にめいじて、ありがたさに、真面目になり、しゃれもなく、無駄も言わねば、しばらくのうちに、順拝が終わって、元の道に戻ってきた……」


「朔日餅」と「神馬」


ここからは、最近の伊勢の状況をご説明しよう。

「夜明け前」に出かける参拝者が増えている。

内宮の鳥居門前町「おかげ横丁」に本店を構える「赤福《あかふく》」では、毎月一日（元日を除く）に「朔日餅《ついたちもち》」を販売している。赤福餅のこしあんを使ったものだが、月ごとに種類が変わるので、飽きずに毎月並ぶリピーターも多い。

整理券の配布は、なんと早朝3時30分。夜も明けぬうちから長い行列ができる。

その様子がテレビで紹介されたものだから、県外からの観光客がどっと押し寄せるようになった。「期間限定」と「行列のできる店」に弱い日本人の心理をみごとについた、うまい商売だと思う。私は行列に並んだことはないのだが、毎月一日に神宮へ参る「朔日参り《ついたちまいり》」のついでに赤福に立ち寄り、「おめざ」にしているという人を何人か知っている。あまり知られていないが、行列は土産（持ち帰り用）を買うためのもので、店内で食べる客は並ぶ必要がない。

伊勢神宮では、1のつく日（1、11、21日）に「神馬牽参《しんめけんざん》」という行事がある。皇室から奉献された神馬が、神職とともに正宮にお参りする。内宮に2頭、外宮に2頭、計4頭がいる。白毛もいれば葦毛《あしげ》もいる。その日によって神馬の体調や機嫌も変わるから、どの馬がお参りするかは、当日にならないとわからない。ガイドブックを見ると8時頃となっているから、7時過ぎに赤福へ行って朔日餅を食べた後、お参りすれば遭遇できるだろう。

知人の話では、正殿前にくるとペコリと頭を下げる芸達者もいるそうだ。

神域にいるせいか、神宮の神馬はとてもおだやかな目をしていて、目があうとその日は一日幸運といううげんかつぎがあるそうだ。御厩《みうまや》に入っているときは馬の名前と生年を確認できる。カメラのフラッシュには敏感なので、撮影時には気をつけよう。

夜は黙って寝る、が伊勢流

堂々ということではないが、私には勤め人の経験がない。週刊誌の記者だった20代から、深夜まで飲み歩き、明け方まで繁華街をうろつく、そんなデタラメな生活を長年続けてきた。ところが、そんな私も伊勢へ一歩足を踏み入れれば、当日から早寝早起き、不摂生とは無縁の生活に一変する。

神都の気配に圧倒され、思わず居住まいを正し——という殊勝《しゅしょう》なことではない。神宮はもちろん、伊勢市内には深夜営業の店がないに等しいからである。出かけたくても、夜に見知らぬ観光客を受け入れてくれる場所がない。

内宮の鳥居門前に広がる「おかげ横丁」は、夕闇がせまるとともに、バタバタと店じまいの準備にかかる。正月から1月中旬の特別期間は19時まで営業しているが、それ以外は17時か18時に閉店してしまう。神宮の周辺で店を営む人々は、「日の出と共に起き、日没とともに休む」神宮のスケジュールを基準に動くのだ。

外宮から伊勢市駅に至る参道も、明るいうちは多くの飲食店、甘味所、みやげ物店でにぎわっているが、18時台にはもうシャッターが降りている。駅前の観光案内所もしかり。

内宮と外宮を循環するバスも17時台が最終便とあって、人々は足早に立ち去り、観光客でにぎわっていた通りも、しんと静まり返ってしまう。

まだまだ遊び足りない、物足りないと思ってか、タクシーの運転手に案内を求めている観光客も時折見かける。しかし、「この辺、夜はなんにもないですよ」「どうしてもってことなら、松阪か四日市まで行かないと」とそっけなくあしらわれ、みなスゴスゴと引き返していく。旅館に戻り、寝てしまうしかない。

神宮をめあてに、大勢の観光客が訪れるこの地では、夜中まで観光客のサイフを狙って、ガツガツと働く必要がないのだ。

数年前に私の知人が伊勢へ行き、「駅の近くにコンビニがある」と旅館に教わり、出かけてみたら徒歩で10分以上かかったとぼやいていた。「駅の近くなんていわれたら、普通は駅前にあると思うじゃないか」。しかし、それは大都市の住人の理屈であり、伊勢市民にとっては駅前にコンビニがないのが当たり前。内宮と外宮を経由する国道沿いにも1店舗しかなかった。それで十分間に合っているのだろう。

別の知人が、宿代を浮かそうとネットカフェを探していたが、伊勢市内で見つかったのは

2軒。どちらも駅から15分以上歩くことがわかり、あきらめて男性専用のマンスリーマンションを日割りで契約したという。

「夜はさっと寝て、朝起きる。だから健康な暮らしができている。それも神さまのおかげかもわからんねえ」

伊勢市駅前の喫茶店マスターが、のんびりした口調で話してくれたのが印象深い。郷に入らば郷に従えの諺《ことわざ》にならい、伊勢ではグウタラを返上するしかない。

ちなみに私は伊勢に宿泊するときは、内宮から歩いて5分ほどの神宮会館を利用する。ここは伊勢神宮崇敬会が経営しているところで、1泊2食つきで1万円と少し。食事はおいしいし、温泉ではないが大浴場もある。なにより朝6時30分から、神宮会館のスタッフによる内宮のガイドがあるのだ。所要時間は1時間40分。内宮にまつわることや、遷宮の話など、とても丁寧に教えてくれる。しかも宿泊者は無料だ。これはぜひおすすめしたい。

地元の「おもてなしスポット」

私が今回、執筆のために伊勢を訪れたのは平成25（2013）年7月上旬だった。伊勢市駅前はターミナルも駅前ビルも工事中。掘り返された地面に砂利がまかれ、重機が乾いたホコリを舞い上げて作業していた。唯一、神宮らしいものといえば、駅前広場に新しい立派な鳥居が建っていたことくらいか。内宮・外宮はいずれも仮設の手水舎で、どうも落ち着かない。

だが、この工事がすすめば、長らくさびれていた外宮の周辺も生まれ変わるだろう。

平成25年8月には、天然温泉付きの宿「伊勢神泉《しんせん》」が外宮前で開業。同年8月には、全室露天風呂付きの宿「伊久《いきゅう》」が内宮前にオープンした。内宮前には宿泊施設が少ないので、早朝、内宮から参りたい人には吉報だ。

例年、神宮では式年遷宮のたびに、さまざまな関連施設ができる。

前回（第61回）の式年遷宮では、「赤福」の経営元が私財を投じて「おかげ横丁」を整備した。赤福餅はもちろん、伊勢うどん、てこね寿し、伊勢海老やアワビの串焼き、松阪牛などの飲食店が60以上軒を連ね、有名な伊勢みやげはほぼここでそろう。江戸時代のおかげ参りを体感できる「おかげ座」という施設もあり、ここだけでも半日たっぷり楽しめるようになっている。

ただし、「つい長居してしまい、予定していた神社へお参りできなかった」という人も続出しているようだ。おかげ横丁の効果なのか、前回の遷宮年には839万人が参拝した。前年比26・5％増という。

今回の遷宮では、平成24（2012）年に開館した「せんぐう館」が話題となった。式年遷宮に関する資料を展示している、と聞くと、なにやら堅苦しい感じだが、実際に見てみると期待以上に見どころが多い。エントランス正面には、昭和28（1953）年につくられた外宮正殿の扉がそのまま展示されている。

工芸に興味のある人なら、御装束神宝の制作過程がわかる工程見本がおすすめである。神々の装束や神宝がどんな技法で作られているのか、詳細に説明されている。

だが一番の目玉は、外宮正殿の東側4分の1を原寸大で再現した模型だろう。神宮の建築形式である唯一神明造は、あまりにシンプルすぎて、1／100スケールの模型だと安っぽく見える。だが、原寸大を見せられると圧倒される。これでもかと分厚く重ねられた茅葺きの屋根、地中から生えてきたような掘立式の柱は迫力満点であった。

本物の正殿をじかに見られるのは、天皇と皇后、神宮の神官に限られ、皇太子も正殿の前までは入れない。外玉垣の前までしか行けない一般参拝者が、同じ形状のものを間近で見られるのが嬉しい。大人も子どもも口をあけて見上げ、「デカイ、デカイ」と大喜びしていた。

遷宮翌年に秘仏を開帳

伊勢には、神宮の125社には含まれないものの、古くから神宮にゆかりのある神社がある。夫婦岩で有名な、参宮前の禊《みそぎ》を行っている二見興玉《ふたみおきたま》神社、神饌《しんせん》のアワビを神宮に奉納している海士潜女《あまかづきめ》神社（鳥羽市国崎《くざき》）が代表的だ。

神社だけではない。ゆかりの寺もある。

「お伊勢参らば朝熊《あさま》をかけよ、朝熊かけねば片参り」と歌にもうたわれた金剛證寺《こんごうしょうじ》である。内宮の最寄駅である「五十鈴川」からタクシーで20分、または一駅先の「朝熊」駅から登山道経由で徒歩2時間30分。朝熊山頂に鎮座する臨済宗の寺院である。

片参りとは、両方参ってはじめて完遂するといった意味で、かつては伊勢参りをする人の大半が金剛證寺に参った。伊勢の内宮から見ると鬼門にあたり、この寺がアマテラスを護衛していると考えられたのだ。

平安時代は空海が堂宇を建立し、密教の修行場として知られていたが、時代が下ると神宮との交流がさかんになった。室町時代から江戸時代にかけて描かれた「参宮曼荼羅《さんぐうまんだら》」には、神宮の鳥瞰図《ちょうかんず》の上方に金剛證寺が描かれ、僧と神官が入り混じって本山と境内を往来する様子がみられる。

「戦前までは東洋一の傾斜と評判のケーブルカーがあってな、旅館やみやげ物屋、キャバレーまであったんやで。戦時中に廃線になって、いまはホレ何もない。健全なものや」

テカテカと日焼けした頬のご老人が、門前の駐車場で昔話を聞かせてくれた。

何もないといいつつ、「来年（平成26年）は秘仏の開帳があるでな」と嬉しそうだった。

本尊の虚空蔵大菩薩《こくぞうだいぼさつ》は秘仏で、寺院関係者ですら目にしたことがない希少なもの。それが、式年遷宮の翌年に限り開帳されるそうだ。訪問時（平成25年7月現在）には詳しい日程が公表されていなかったが、平成26（2014）年の秋口になる見込みという。

アクセスはけっしていいとは言えないが、伊勢志摩スカイラインは景色がすばらしく、晴れた日はドライブがてら訪れる参拝者も多い。境内にズラリと立ち並ぶ巨大な塔婆《とうば》に神官の名前があったり、芸能人の名前がひょこっと見つかるのも面白い。

第3章　アワビが大好物のアマテラス

なぜ伊勢に神宮ができたのか

皇祖神《こうそしん》アマテラスを祀る「神宮」は、最初から伊勢にあったわけではない。

初代神武《じんむ》天皇から9代開化《かいか》天皇までは、「同殿同床《どうでんどうしょう》」といって、天皇の生活拠点である皇居内に祀《まつ》っていた。ところが、10代の崇神《すじん》天皇の即位5年目に、宮中から神が切り離される事態が起きた。その引き金となったのが疫病《えきびょう》である。民の過半数が死に至る大惨事だった。

崇神天皇は夜も眠れないほどに悩んだ。何度か、疫病を払うための祭祀《さいし》を行うも、まったく効果がない。さらに翌年、やけをおこした人々が農地を捨てて放浪するようになり、盗みなどの犯罪が急増。各地で叛乱《はんらん》が起きた。

追いつめられた天皇はついに、神託《しんたく》を仰《あお》ぐことにする。身を清め、床に入って夢のお告げを待つのである。

その晩、夢枕《ゆめまくら》に立ったのは、オオモノヌシノミコト（大物主命、大國主大神）だった。

「これはわが御心である。オオタタネコ（意富多多泥古）にわが御魂《みたま》を祀《まつ》らせれば、神の祟《たた》りもおこらず、国は安らかになるだろう」

目覚めた崇神天皇はさっそく、早馬の使者を四方八方に派遣。オオタタネコなる人物は、河内《かわち》の美努村《みののむら》というところで発見された。大和川流域にある集落で、現在の大阪府八尾市上之島町にあたる。大和川の源流は三輪《みわ》山麓、ここでは古来よりオオモノヌシをまつっており、オオタタネコは、そのオオモノヌシの子孫にあたる人物だった。

崇神天皇はすぐさま、オオタタネコを三輪山に遣わし、御魂を慰める祭祀を行わせ、社を建てた。すると疫病はことごとく収まり、民ももとの土地に戻ってきた。

天皇は心から安堵した。だがそれと同時に、じわじわと恐怖が広がっていった。

「これほど激しく祟る神を、人が寝起きする宮中に祀っているのは危険だ。畏《おそ》れ多い。このままにしておくと、また不吉なことが起きるのではなかろうか」

そこで内殿に並べて祀っていたアマテラスとヤマトノオオクニタマノカミ（倭大国魂神）の二神を、宮中から出すことを決断する。「神の勢い激しく、同床共殿に堪え難く」という記述がそれを端的に物語っている。

アマテラスでは力不足？

ヤマトノオオクニタマノカミはオオモノヌシと同一の神で、ヤマトの先住民が信仰してきた土着の神、つまり国津神《くにつかみ》の親分のような存在だ。夢枕に立ったオオモノヌシは、本来の居場所である三輪から離れ、宮中に分祀されていることに不満を抱いた。そこで、自分の子孫からの祭祀を求めて、暴れたと考えられる。

ところで、ここで一つ疑問が生じる。なぜ宮中に、2柱の神を同時に祀る必要があったのか？　皇祖神のアマテラスだけでは不足だったのか？

そう、不足だったのだ。「王」としてヤマトにやってきた天皇一族は、先住民から見れば侵略者、いわばよそ者である。「神の子孫」と名乗ってはいても、人心掌握《じんしんしょうあく》に失敗すれば、足をすくわれる危険があった。だから土着の神と、皇祖神アマテラスを同時に祀ることで、国政をスムーズに行おうとした。そこには、支配された先住民への配慮もあったはずだ。が、保険をかける意味合いもあったに違いない。

天皇のもっとも重大な仕事は「神の声を聞く」ことである。科学的解決など存在しない時代だから、旱魃《かんばつ》や水害、疫病などのトラブルが起きれば、神に祈って解決する。それが最高権力者としての務めだった。それができないとなれば、先住民の間で「アマテラスには力がない、やはりオオモノヌシを復活させなくては」という気運が芽生える恐れがあった。それを防ぐためにも、二神を「平等」に祀る必要があったのだろう。

祟りとは無関係だったアマテラスが、オオモノヌシと同時に宮殿から切り離されることになったのは、こういう事情があったのだ。

さて、ここでオオクニヌシは新宮を与えられたが、アマテラスの新しい住まいは即断即決というわけにはいかなかった。何しろ天上界から降りてきた神だから、国土に「ゆかりの地」がない。そこで、皇祖神が鎮座するにふさわしい「聖地」を探す旅が始まった。

ヤマトヒメの聖地探し

その役目を最初におおせつかったのは、皇女のトヨスキイリヒメノミコト（豊鍬入姫命）。最初は笠縫邑《かさぬいのむら》（大神《おおみわ》神社の摂社「檜原《ひばら》神社」とされる）に祀られたが、しばらくして御室《みむろの》嶺上宮《みねのうえのみや》へ遷している。が、アマテラスはその土地に留まる気になれなかったようで、それから二年後、トヨスキイリヒメノミコトは姪の皇女・ヤマトヒメノミコト（倭姫命）を呼び寄せ、自らの役目を引き継がせた。

天災などのトラブルが起きるたびに「神が不服を申し立てている」と、神宮を遷していったのかもしれない。

まだ見ぬ理想郷を求め、ヤマトヒメはアマテラスの御杖《みつえ》（神意に従って随行する役）として各地を巡幸し、最終的に伊勢国に辿り着いた。

「この神風の伊勢の国は、常世の浪の重浪《しきなみ》よする国なり。傍国《かたくに》のうまし国なり。この国に居らむと欲《おも》ふ」(『日本書紀』)

ようやくアマテラスの許可を得て、ヤマトヒメは長い長い行幸を終えた。

アマテラスの遷座回数はなんと21回にも及ぶといわれている!

今の奈良県、三重県、滋賀県、岐阜県、愛知県などを回ったあと、伊勢内の各所(津、松阪、多気郡、伊勢市、度会郡)をさまよい、最終的に落ち着いたのが、五十鈴川上流につくられた五十鈴宮。現在の内宮である。

だがアマテラスがここへ祀られた当初、その住まいは意外にも質素なものだった。

「故、大神の教への随《まにま》に、その祠を伊勢国に立てたまふ。因りて斎宮《いはひのみや》を五十鈴の川上に興つ。是を磯宮と謂ふ」(『日本書紀』)

アマテラスがヤマトヒメに「ここに居たい」と告げたあと、伊勢につくられたのは名もなき「祠《ほこら》」だった。もちろん、ここでいう祠とは「社殿」をさす言葉だが、オオクニヌシが「国譲り」の交換条件として要求したような、巨大な社殿ではなかったはずだ。

それよりも、アマテラスの祠に付随して建てられた「斎宮」の名をわざわざ記していることとに注目したい。斎宮とは、斎《いつき》の宮、すなわち神祀りをする人々の住居である。ヤマトから遠く離れた土地で、天皇に代わってアマテラスに奉仕する者が必要だったのだ。

その重責を担ったのは「斎王《さいおう》」と呼ばれる人々だった。斎王になる資格をもつのは、天皇の皇女もしくは王女で、未婚の処女だけである。彼女たちは独身のままアマテラスに生涯を捧げ、天皇が崩御《ほうぎょ》するまで奉仕を続ける決まりだった。

天皇に代わって伊勢神宮に仕えた斎王が、京の都から伊勢に赴く旅を斎王群行《ぐんぎょう》といった。占いによって斎王に選ばれた皇女（王女）は、まず宮中に赴き、郊外の野宮《ののみや》で潔斎《けっさい》の生活に入り、そこで3年の歳月を過ごす。選ばれてから3年もかかるのかと驚くが、神に仕えるためには極限まで俗世の穢《けが》れを祓《はら》っておかねばならないのだろう。

3年目の9月、心身ともに無垢《むく》になった皇女は、いよいよ京の都を離れ、伊勢へと向かう。輿《こし》に乗った斎王には、数百人もの官人官女が随行する。途中、頓宮《とんぐう》と呼ばれる宿泊所に泊まり、5泊6日で神宮につく。鈴鹿峠は最大の難所で、女官の乗った牛車《ぎっしゃ》が進まなくなるアクシデントにも遭遇したようだ。

都を離れ、見知らぬ土地へ遣《つか》わされることを、彼女たちはどう受け止めていたのだろうか。

前述のトヨスキイリヒメやヤマトヒメも、生涯をかけて神に奉仕した。

このことから、「アマテラスは男神だったのだ」という説も根強くある。たしかに、世界的に見ても太陽神は男神と相場が決まっている。

いずれにせよ、アマテラスは伊勢に鎮座するとともに、「女神」として再生される。そこには持統天皇の野心がかくされていた。

持統天皇とアマテラス

『古事記』の「天孫降臨《てんそんこうりん》」には、アマテラスの孫・ニニギノミコト（邇邇芸命）が、日本統治を進めるための使者に選ばれる場面が出てくる。

さて、このとき、彼に天下るよう命じたのは、誰だっただろうか？

ほとんどの人は、アマテラスと答えると思う。しかし、天孫降臨の命令をじかに下したのは、タカミムスヒノミコト（高皇産霊尊）という神さまだ。

出雲を平定したオオクニヌシに国譲りをさせ、地上の争いの種をきれいに片付けてから、天孫を降臨させた。そのとき、アマテラスは「穀霊《こくれい》」として、傍に控えていたにすぎない。

ところが時代が下るにつれ、タカミムスヒの存在感は薄れ、アマテラスだけが天上界のトップとして輝き始める。

アマテラスには前身といわれている神がいる。それは「神武紀」にタカミムスヒと並んで登場する「オホヒルメノミコト」である。ヒル（太陽）とメ（妻・女）の音から、これは太陽神の妻をあらわしている。タカミムスヒとオホヒルメは、太陽を司る夫婦の神さまだった可能性が高い。その妻が「独立」して、のちにアマテラスという女神に名を変えた。

天上世界のトップとされていた神は、最初からアマテラスだったわけではない。

7世紀……タカミムスヒ
7世紀末……オホヒルメ（太陽神の妻）
8世紀前半……アマテラス（祖母神）

ではなぜ、政権交代が起こったのか。

そこには現実の政権がそのまま反映されていた、と考えるのが自然だろう。

式年遷宮を最初に執行した持統天皇は女帝。その彼女が自分自身につけた諡号《しごう》は、葬祭のときは「オオヤマトネコアメノヒロノヒメノミコト（大倭根子天之広野日女尊）」、しかし

『日本書紀』には「タカマノハラヒロノヒメノスメラミコト（高天原広野姫天皇）」と変わっている。「アマテラス」の名を意識して、自らに重ねていたことがうかがえる。生前の持統天皇が、周囲の反対を押し切ってまで伊勢行幸《ぎょうこう》をしている点も見逃せない。

外宮の御祭神、トヨウケは料理番

外宮の主祭神、トヨウケ（豊受大神）が鎮座したのは、今からおよそ１５００年前のことだ。トヨウケは本来、稲神である。穀物の成長を司る「ワクムスビ」の娘といわれているが、当初は神ではなく天女だったようだ。

「丹後国風土記逸文」に、次のような話が伝わっている。

ある日、丹後国の丹波郡、比治山《ひじやま》にある真名井《まない》という泉で、８人の天女が楽しそうに水浴びをしていた。そこへ、近くに住む和奈佐《わなさ》という老夫婦が通りかかった。ふと見ると、木の枝に羽衣がかけてある。

和奈佐は少し考えていたが、一枚、そっと抜き取って隠してしまった。しばらくすると天女たちは一人、また一人と水浴びを終え、飛び立っていく。その後に一人、取り残された天女が、体を泉に隠して一人恥じらっていた。

「どうしたのですか」

そこで和奈佐が声をかけた。その手に羽衣を見つけると、天女はほっとした。

「助かりました。その羽衣を探していたのです。わたしのものです。お返しください」

「お返ししてもいいのですが、その前にお願いがあります。聞いてくださいますか」

「ええ。なんなりと、おっしゃってください」

「私には子がいないのです。私の子になってくださいませんか」

天女は一瞬、顔を曇らせたが、今したばかりの約束を破ることはできない。強引に手を引かれ、そのまま和奈佐の家で暮らすことになった。

天女は酒を造るのがうまく、それは万病に効く薬にもなった。天女の酒のおかげで、和奈佐はみるみる金持ちになっていった。ところが10年余もたつと、天女をうとましく思うようになってきた。

「おまえは私の子ではない。早く出て行け」

天女は驚き、抗議した。

「私は好んでここに来たのではありません。あなたが願ったからです。なぜ、そんなひどいことを……」

しかし、和奈佐は天女をなおも追い払おうとする。天女はやむなく家を出て、とぼとぼと歩き始めた。長く人の世にいたため、天女はもう天に帰る霊力を失っていたのだ。

しばらく諸国をさまよい歩いた後、奈具《なぐ》という村に住むことにした。この天女が、奈具の社に鎮座しているトヨウカノメノミコト（豊宇加能売命）である。

のちにアマテラスのご指名を受けることになるとは、夢にも思わなかっただろう。

呼び寄せられたトヨウケ

ヒトに望まれてやってきたのに、ヒトの都合で追い出され、居場所を失い、そしてさまよう。トヨウケのたどった運命は、そのままアマテラスにも重なる。彼女の悲しい放浪を知って親近感を覚えたのだろうか。アマテラスは時の帝、雄略《ゆうりゃく》天皇の夢枕に立つ。

「丹後の国、比治の真名井原というところに祀られている神を、食事をつかさどる御饌都神《みけつかみ》として、私の近くへ呼び寄せてほしい。自分一人では、安心して大御饌《おおみけ》が食べられない」

御饌というのは、神さまの食事のことである。お告げをうけ、雄略天皇は丹後へ使者をつかわし、トヨウカノメの御霊を伊勢・度会の山田の原へ迎えた。これによって神宮には、神さまの料理人が誕生した。

外宮が創建されると、アマテラスに大御饌を供える祭りが日に2回、毎日欠かさず催行されることになった。「日別朝夕大御饌祭《ひごとあさゆうのおおみけさい》」という。一日に2回、一年間で７３０回行われる計算だ。

神宮では年間１５００回もの祭が行われているが、その半数を占めるのが「日別朝夕大御饌祭」ということになる。

神に捧げる神饌《しんせん》の準備は、それは手間のかかるものだ。

６人の神官が前日から泊まり込み、夜8時から潔斎をする。翌朝は5時起床。５００メートル離れた山の中へ水を汲みに行き、再び身心を清めたのち、忌火屋殿《いみびやでん》へ。ここは神さまの厨房だ。ここで木と木を擦り合わせて忌火（清浄な火）をおこし、米を炊き、新鮮な野菜、果物を使って御膳をこしらえる。

食事の内容は、米を蒸した御飯《おんいい》、御塩《みしお》、御水《おんみず》、魚介、海藻、野菜、果物など。材料はすべて、神宮の自給自足でまかなう。

米は神宮の神田《しんでん》で収穫、塩は二見町にある御塩浜《みしおはま》で古代の製法のまま海水から作られる。水は神宮の森にある井戸から汲み上げ、野菜・果物は神宮の御園《みその》で栽培したものを使う。

1時間30分かけて調理を終えたあと、神職たちは朝食を取り、神さまに食事を運ぶための装束に着替える。

冬は午前9時、夏は午前8時、お食事を御饌殿《みけでん》へ運ぶ。神さまの食堂である。この時、ほんのわずかな時間だが、参道を進む神職の姿を目にすることが出来る。

アワビのために伊勢に決めた！

内宮の正殿前に、御贄調舎《みにえちょうしゃ》と呼ばれる施設がある。

知らずに通り過ぎてしまう人も多いのだが、ここは特別な神饌をあつかう場所である。アマテラスに献上するため、志摩地方でとれたアワビを調理するのだ。リアス式海岸が続く志摩半島では、アワビも肉厚で、旨みがぎっしり詰まった最高品質のものがとれる。伊勢湾と熊野灘から流れ込む黒潮の恩恵で、海藻が豊富に育つからだ。アワビはこれらの海藻をエサに育つ。

ヤマトヒメが国崎《くざき》を通ったとき、海女《あま》の獲《と》った見事なアワビを口にした。ヤマトヒメは深く感銘をうけ、

「こんなにおいしいものは、初めて食べた。ぜひ、アマテラスさまに献上してほしい」

といい、それが神宮にアワビが献上されるに至った経緯だ。

今のように流通が発達していない時代、とれたての新鮮な海の幸は、内陸部に暮らす皇族や貴族ですら口にできない究極の美味だったのだ。

うまいアワビが、アマテラスが伊勢に落ち着いた最大の理由だったといっても過言ではない。

神饌は通常、忌火屋殿でつくられるのだが、アワビだけは内宮の正殿前で調理される。とくに貴重なお供えとされ、鳥羽市の国崎で捕れたものだけを使い、うすく削いで乾燥させて、藁《わら》のひもにはさんでお供えする。

この事実を知ったとき、私はアマテラスの、アワビへの強い執着心を感じた。

そう。アマテラスはアワビが食べたくて伊勢に神宮をつくったのである！

ちなみに、アワビを献上した海女の名は「おべん」といい、国崎町の海士潜女《あまかづきめ》神社の祭神としてまつられている。

イチゴ好きな女子、アマテラス

伊勢神宮では今も神々に食事を捧げている。そのメニューは、ご飯三盛、御塩、御水、鰹節、魚類、海藻、野菜、果物、それに清酒三献とされている。

このうち魚類は、10月から3月までは生鯛、4月から6月末まではカマスやムツの干物、暑い夏はスルメとなる。野菜はダイコン、ニンジン、ゴボウ、サトイモ、トマトなど40種類にのぼり、果物もミカン、桃、柿、梨、スイカ、メロン、イチゴなど20種類。毎日どれかの果物が食卓にのぼる。メロンやイチゴが出るとは、なんともユニークだ。さすがアマテラスは〝女子〟、といったところか。

先述のように、伊勢神宮では、これらの食物をほぼ自給自足している。野菜や果物は夫婦岩で知られる二見浦の二見町にある神宮の御園で、米は伊勢市の楠部町にある神宮の神田で栽培されている。塩は二見町の松林の中にある御塩殿で特別につくられる。水も正宮の西の森の奥に上御井神社《かみのみいのじんじゃ》があり、その水は神代の代からの水と伝えられている。

ちなみに酒は酒税法の関係からか、大正以降は兵庫県灘の「白鷹《はくたか》」が醸造したものを使っている。

スサノオとのきょうだいげんか

アマテラスには、二人の弟神がいる。ツクヨミノミコト（月読尊）とスサノオノミコト

（須佐之男命）である。アマテラスの気性は、末弟スサノオとのやりとりに最もよく現れているように思う。

ご存じのように、アマテラスの親は「国生み」神話でおなじみのイザナギノミコト（伊邪那岐命）とイザナミノミコト（伊邪那美命）だが、彼らの誕生時、母イザナミの姿はなかった。火の神を産んだときの大やけどがもとで命を落とし、黄泉《よみ》の国（死の世界）へ旅立ったあとだったからだ。妻のイザナミを慕い、黄泉の国へ降りていったイザナギは、変わり果てたイザナミの姿に衝撃を受け、逃げ帰る。三人の子神が誕生したのは、イザナギが海辺に立ち、黄泉の国の穢《けが》れを祓《はら》い、顔を洗ったときのことだ。

左目からはアマテラス、右目からはツクヨミ、そして鼻からスサノオが生まれた。いずれも強い霊力をもった神々だったが、アマテラスの身体は光り輝き、四方を照らしていた。生まれた瞬間から、あふれんばかりの才能を与えられ、親の期待を一身に背負ったスター。それがアマテラスの基盤となっている。

「これまでに多くの子を生んだが、一番最後に、貴い三人を得た」

イザナギは喜んで、首にかけていた玉飾りをアマテラスに授けた。「おまえは、天の国を支配しなさい」。ツクヨミには夜の国を、スサノオには海原を治めるよう命じた。

アマテラスとツクヨミは父の命令にしたがったが、スサノオだけは違った。役目を放りだし、赤子のように泣きわめいている。その泣き声は天地を揺るがすほどすさまじく、山々の緑が枯れ、海や川の水が干上がってしまった。見かねたイザナギは、スサノオを問いただした。「なぜ言いつけを守らず、泣きわめいてばかりいるのか」

「母上のいる黄泉の国へ行きたい。それで泣いているんです！」

それを聞くなり、イザナギは激怒した。「ではお前はこの国に必要ない。出て行くがよい」。

追放され、居場所を失ったスサノオは、母への思いをどうしても断ち切れない。

「父上は黄泉の国の母上に会いに行った。私だって会いにいっていいはずだ。そうだ、行く前に姉上に挨拶をしておこう」

スサノオが、アマテラスのいる高天原《たかまがはら》へ向かうと、山河草木がおびえて震えだした。

「スサノオが会いにくるようだが、きっとろくな用ではあるまい。もしかしたら、この高天原を奪いにくるのではないか」

弟は父も手を焼く暴れん坊だ。「なめられてはいけない」と、アマテラスは、髪を男髪に結いあげ、勇ましい姿で弟を迎えた。「おまえは、何をしに来たのだ？　何か企《たくら》んでいるのではないか」

スサノオはあふれる思いをぶつけた。

「母上に会いに行くので、それをお伝えしたくて来ました。やましいことはありません」

「その言葉に嘘がないと、証明できるか」

アマテラスが信じてくれないので、ふたりで交互に子を生み、その性別によって占うことにした。


最初にアマテラスが、スサノオの剣をとると、女神が三人生まれた。続いて、スサノオがアマテラスの頭上の玉飾りをとると、男神が五人生まれた。

「ほら、私の心が清いから、私の剣から可愛い女神が生まれたのですよ」

得意満面のスサノオに、アマテラスも返す言葉がない。

姉に勝った喜びでスサノオは興奮していた。そして帰る道々、またもや悪い気が頭をもたげた。アマテラスが作った田の畔《あぜ》を踏みつぶし、水路を埋めたかと思うと、大嘗祭《おおにえのまつり》を行う神殿に糞までまき散らす始末だ。

「あの乱暴なスサノオさまを、なんとかしてください」

人々はアマテラスに泣きついてきたが、神聖な占いで、スサノオの潔白が証明されたばかりだ。「汚いものをまきちらしたのは、きっと酒に酔っていたからでしょう。田の畔をこわし、溝を埋めたのは、土地を再生させようとしたのです」

アマテラスはそう言って弟をかばった。が、この情けが後日、大変な事態を招く。

ある日、アマテラスが神聖な機織場《はたおりば》に乙女を呼び、神衣《かむい》を織らせていると、スサノオが斑《まだら》模様の馬の皮をはぎ、機織場の真上から投げ込んだ。天井を突き破って、馬の死骸が落ちてきたのを見ると、乙女は悲鳴をあげ、半狂乱になり、道具板に女陰《ほと》を突き刺して死んでしまった。

「なんという残虐なことを……」

アマテラスは恐怖に震えた。「わが弟ながら、もうわたしの手に負えない」

そういうと、天岩戸《あまのいわと》へ引きこもってしまった。

アマテラスの「天岩戸」事件

アマテラスはその後、神々の計略にはまって再び姿を現すが、スサノオは高天原の神々から永久追放され、姉弟のやりとりもここで終わってしまう。

出雲へと旅立ったスサノオはその後、正義のヒーローとして人（神）が変わったかのような活躍を見せるが、アマテラスが彼を呼び戻したり、新たな役職を与えることはなかった。

もちろん、伊勢神宮125社のうち、スサノオを祀っているところは皆無《かいむ》である。

スサノオへの処遇を読めば読むほど、アマテラスという神は、典型的な長女気質だなと感じる。親に従順で、与えられた任務を忠実にこなす優等生。本能のままに泣き叫び、願望をストレートに吐き出す弟をもてあましながらも、理性を捨てずに姉の役目をつとめようとする。その一方でスサノオの暴力的なふるまいには、まともに対峙できない。かよわい乙女のような側面を見せる。

アマテラスは万能のように見えて、じつはひそかに葛藤《かっとう》を抱えていたのかもしれない。母親不在の家において、長女は早くから大人になることを求められる。生まれて早々、天上界の頂点に据えられてしまったアマテラスには、わがままを言うことがゆるされなかった。唯一の抵抗が「ストライキ」だった、というあたりに彼女の苦悩を感じる。日の神の力をもってすれば、スサノオを物理的にねじふせることもできたと思うのだが……。

だが「天岩戸」事件で、アマテラスは初めて素顔をのぞかせる。

太陽神アマテラスが隠れてしまったので、高天原も地上世界も闇に包まれ、すべてが死んだようになった。闇の中に不穏な空気が広がり、邪悪な気が満ち、さまざまな災《わざわ》いが地上の民を苦しめるようになった。

「これは一大事だ。アマテラスさまになんとか、出てきていただかなくては」

八百万の神さまたちは、次々と集まって来て相談した。不死鳥の声を聞かせたり、鏡や勾玉を作ってみたり、祝詞をあげたり、とあらゆる手を使ったが、どれも効果がない。

最終的にアマテラスの心を開いたのは、アメノウズメノミコト（天宇受売命）の踊りと、それに拍手喝采《はくしゅかっさい》する神々の笑い声だった。

アメノウズメの踊りや神々の笑い声につられ、うっかり戸を開けてしまったアマテラスは、本当は楽しいことが好きで、笑い声が聞こえると、気になってしょうがない性格なのだろう。アメノウズメが「あなたよりも尊い神さまがいらっしゃった」と、自尊心を刺激したのも効果があったかもしれない。

そんなアマテラスが本来の自分を取り戻したのは、ヤマトヒメとともに歩いた伊勢への旅だ。神経質な彼女はどこへ行ってもなかなか納得せず、ヤマトヒメを難儀《なんぎ》させるが、ついにここぞという場所をみつける。伊勢におさまってからのアマテラスはきっと、どんな神々よりも幸福なのではないだろうか。

なにしろ、神饌ひとつとっても、伊勢の豪華さは飛びぬけている。

第４章　お伊勢参りは、別宮参拝でご利益が増す！

人混みには要注意！

これはおかげ年に限ったことではないが、お伊勢参《いせまい》りでご利益を得るには「人混みを避ける」に限る。団体客が居合わせてよかったと思うのは、彼らが雇《やと》ったガイドさんの説明を横からひょいと拝聴できることくらいで、あとはいい思い出がない。

「みんなで行けばこわくない」という心理になるのか、集団参拝というのは曲者《くせもの》で、一人では絶対にしないような行儀の悪いことをする人が出現するものだ。ただの観光であれば多少のアクシデントも笑い話にできるが、人生を逆転させるような大願《たいがん》があるとか、現在見舞われている災難からなんとか解放されたいなど、深刻なものを抱えている人は注意したほうがいい。そういうときに限って、神の前で手を合わせている真横で、大きなクシャミをされたり、携帯電話のピロポロいう異音を聞かされたりするものだ。強い香水をまとっているご夫人の近くにうっかり寄ってしまうと、深遠な森の清冽《せいれつ》な空気が一変する。瞬時に俗世《ぞくせ》に引き戻されてしまう。

しかし、お伊勢参りの人が集中するのは、おもに内宮《ないくう》と外宮《げくう》の２ヵ所のみ。ここさえ早めに参ってしまえば、別宮参拝と周辺の観光に使える時間が増える。

といっても、スタンプラリーのように、神宮の125社をいかに効率よく回るかといった姿勢はいけない。ガイドブックなどを見て、気になった神さまを中心に2〜3社、ゆったりと参ることをおすすめしたい。参考までに、私の気に入っているいくつかの別宮《べつぐう》と、周辺でご利益の感じられる場所を紹介しよう。

月夜見宮「外宮の境外別宮」

外宮《げくう》（豊受大神宮）の境外《けいがい》別宮として創建された月夜見宮《つきよみのみや》。

外宮の北御門から徒歩5分とアクセスは良好ながら、観光客・参拝者が少なく、静かにゆっくりと過ごせる。

鳥居をくぐり、左斜め前に伸びる参道を行くと、真正面に月夜見宮が見えてくる。

第62回式年遷宮《しきねんせんぐう》はすでにすみ、真新しい社殿に生まれ変わっていた。

境内にある大楠《おおくす》は一見の価値がある。一般的に神社の境内の木は神気を吸い上げて急激に成長するとか、奇妙な形に変化すると言われているが、ここへ来ると本当かもしれないと感じる。外宮摂社の高河原《たかがわら》神社も同じ境内にある。

そして、本殿左奥には稲荷《いなり》の祠《ほこら》がある。もともと地元で古くから信仰されてきた稲荷神らしい。職員によると、「お稲荷さんのお世話は地元の人たちがしている」という。敷地内には地域の稲荷信仰が同居している、その点でも風変わりなお宮だ。

猿田彦神社「運気上昇の方位石」

神宮の125社には含まれていないが、内宮へ至るバス通りに面しており、おかげ横丁から は徒歩5分ほどで到着する。祭神のサルタヒコノオオカミ（猿田彦大神）は、『古事記』や『日本書紀』に「国初のみぎり天孫をこの国土に御啓行《みちひらき》になられた」と伝わるように、ものごとの最初に出現する神。万事をもっとも望ましい方へ導いてくれるというので、結婚、就職、引っ越し、入学といった節目にやってくる人が多い。

県外から来た参宮者のなかには、伊勢入りしたその足でここを訪れ、「いいお伊勢参りになるように」と願う人も多い。

交通安全・方位除《よ》けの神として知られていて、境内の中央には「方位石《ほういいし》」がしつらえてある。高さはヒトの腰ほどで、さほど大きなものではない。だが明らかに通行を妨げる位置にあるので、なぜこの場所なのかを神職にたずねた。

すると、以前はこの場所に御神座があったとかで、今の社殿が築かれるまではもっとも神聖な場所だったという。もともとはサルタヒコを祖先とする宇治土公《うじのつちぎみ》という伊勢神宮の宮司《ぐうじ》が、邸内で祖神を祀《まつ》っていたプライベートな神社だったと聞いて、へえと思った。江戸時代末期に火災があり、明治11（1878）年の社殿再建で正式な神社となり、今に至る。

方位石の上面には「古殿地《こでんち》」の文字があり、その周りを方位名が取り囲んでいる。いつ来ても、その上に小銭がバラバラと置かれ、方位名をなぞるように触れているヒトがいる。

実はこの方位石、さわると運気があがるという噂らしい。どの運気を上げるかによって、触る順番が変わるという。「古殿地干支《えと》石」で、八方位を示している。各方位を示す辺が、さらに三方位ずつに分割され、合計24方位を表す文字が彫り込まれている。この文字を、願い事によって3カ所、順に触っていくとよいらしい。

仕事運「亥《い》↓卯《う》↓未《ひつじ》」
金運「巳《み》↓酉《とり》↓丑《うし》」
家庭運「申《さる》↓子《ね》↓辰《たつ》」
人気運「寅《とら》↓午《うま》↓戌《いぬ》」

ところで、この神社には隠れたモチーフがある。大鳥居、手水舎《てみずしゃ》の柱、本殿の鰹木《かつおぎ》や欄干、そして境内手前にまつられている「佐瑠女《さるめ》神社」の神殿まで、すべてが八角形だ。八方位の方位石にちなんで作られたのだろうか。

佐瑠女神社は、あの有名なアメノウズメを祀《まつ》っている。アマテラスが天岩戸《あまのいわと》に隠れたとき、神楽を奏して神々を笑わせ、アマテラスを外へ連れ出した功績は大きい。「天孫降臨《てんそんこうりん》」の際にサルタヒコに対面し、夫婦となった。俳優《わざおぎ》、神楽、技芸、鎮魂の祖神と仰がれている。ごく小さなかわいらしい社殿に、芸能関係者や茶道の師匠など、さまざまな人から奉納された布がひらめいて、なんとも賑やかだ。手水舎にも、千社札《せんじゃふだ》がいたるところに貼りつけられている。神宮のお宮ではありえない光景だが、こういう俗っぽい雰囲気も悪くない。

また、裏手にはご神田があり、のどかな雰囲気を味わえる。

月読宮「満月の夜は幻想的」

猿田彦神社からは徒歩10分ほど。近鉄線「五十鈴川《いすずがわ》」駅から内宮方面に10分ほど歩いたところにある。裏参道は国道23号線、表参道は、内宮と外宮を結ぶ御幸道路に挟まれ、アクセスは良好だ。堀と森におおわれ、日中も薄暗いのがいい。月の神の境内が日当たり良好では、やはりムードがでない。アマテラスの弟神ツクヨミとその荒御魂《あらみたま》、さらに父神イザナギ、母神イザナミの2神をまつる。

ツクヨミは『古事記』において、イザナギから「夜の食《お》す国を統治せよ」と委任されるが、それ以降はまったく登場しない。夜型の私は、夜の神さまがこれといった評価もないまま放置されているのが、ちょっと面白くない。月齢を数える月の神、という説明もされるが、スサノオにばかりスポットライトがあたり、その影にかくれている。

『日本書紀』のほうは、保食神《うけもちのかみ》を殺したことで姉神アマテラスの怒りを買ったという記述がある。この話はドラマチックな展開がありそうに思えるが、スサノオのようにお仕置きをうけることもなく、尻すぼみに終わる。しかも、これがきっかけで、アマテラスとツクヨミは「別々に住むことになった」とある。もしかしたら、昼と夜の成立を説くためだけに登場した人物（神）だったのではと穿《うが》った見方をしてしまう。

しかし、このお宮の曲りくねった参道は神秘的で、境内全体が深い森に包まれていて、私は大好きだ。かんかん照りの夏の昼も、ここに来れば気温がすうっと下がり、避暑地に来たようである。そしてヒトが少ない。

月読宮《つきよみのみや》がユニークなのは、4つの別宮が横一列に整列していることだ。

向かって左側から伊佐奈弥《いざなみ》宮、伊佐奈岐《いざなぎ》宮、月読宮、月読荒御魂《あらみたま》宮となっている。親子神を同祀《どうし》している神社はなかなかない。

参拝順序は月読宮→月読荒御魂宮→伊佐奈岐宮→伊佐奈弥宮。

主祭神である月読宮を優先するのはわかるが、参拝順に沿って神殿が並んでいないから、初めて来たひとは戸惑うだろう。

ただ、内宮の近くに「月読宮まで徒歩20分」の看板があるので、参拝をあきらめてしまう人がいるかもしれない。もったいないと思う。防犯上、女性一人の参拝はおすすめしないが、日が落ちてから訪れるのもいいだろう。知り合いのカメラマン氏は、ここへよく月の写真を撮りに来るらしい。

「閉門ぎりぎり、月明かりが社殿を照らし始めてから10分以内がシャッターチャンス。木漏《こも》れ日ならぬ木漏れ月が、こまかい糸みたいに降りてきて、それは神秘的だよ」

宇治山田神社「やさしい緑の絨毯」

月読宮を出て、国道23号線を南下すると、こんもりと茂った森が目につく。

内宮摂社の宇治山田《うじようだ》神社である。駅の名前は「宇治山田(うじやまだ)」であるが、神社は「うじようだ」。祭神のヨウダヒメノミコト（山田姫命）から来ている。

この神社も人があまりいない。入り口がわかりづらいのが原因だろうと思う。近づいても、参道らしき道がまったく見当たらないのだ。

「たしかに、この中にあるはずなんだが」

首をひねりながら、森の周辺をグルグル歩き回っていると、先ほど通り過ぎた民家の間の細い路地が、参道になっていることに、ようやく気づくといった按配《あんばい》。私の知人の編集者は、3周目にやっと発見したという。

というと、他人事のようだが、私も最初に訪れたときは迷い、通りかかった小学生の女の子に教えてもらったのだ。

「ここから入るの」と指差して、「中に、ニワトリがいっぱいいるよ」と笑顔で教えてくれた。伊勢は恥ずかしがりやな子が多い印象だったが、珍しく人なつっこい子であった。

社殿前まで石段がゆるやかに続き、それを優しく包み込むように、深緑色の苔《こけ》が隙間なく生えている。ありふれた表現だが、まさに緑の絨毯《じゅうたん》といった趣。

苔むした石段は、靴底の当たりが軟らかく、気持ちがなごむ。神社めぐりをしていると、石を踏んでばかりいるから、足裏が少々疲れてくるのだ。ねぎらってもらっているような気持ちになる。

寺院の場合は庭園・植生に凝《こ》って、芸術の域に高めているところもあるが、この神社の苔は意図的に生やしているのではなく、自然のままこうなっているようだ。

雨が降ったら、また違った美しさを見せるのだろうなと思いながら、坂を昇りきると、その頂上に社殿はあった。高い位置にあるせいか、参道より幾分明るく、太陽の恵みも感じられる。

ここには同座して、那自賣《なじめ》神社も祀ってある。こちらは内宮末社で、祭神はミモノスソヒメノミコト（御裳乃須蘇比賣命）。ヨウダヒメ（山田姫）の親神にあたる、オオミナカミノミオヤノミコト（大水上御祖命）の御魂である。

そういえば、ニワトリはどこにいるのだろうか。鳴き声はおろか、羽ばたきの音すら聞こえない。ニワトリがいるなら、苔の上に糞《ふん》の一つも落ちていそうなものだが――。

そのとき、はたと気づいた。苔。コケ。コケコケコケコケ！

あの女の子に、いっぱい食わされたのか？　コケ寺ならぬコケ神社を出て私は、狐につままれたような気分で細い路地から大通りへ戻った。

倭姫宮「静寂な時間の喜び」

祭神のヤマトヒメは11代垂仁《すいにん》天皇の皇女で、10代崇神《すじん》天皇の皇女トヨスキイリヒメノミコト（豊鍬入姫命）の後を継ぎ、御杖代《みつえしろ》としてアマテラスを背負って巡礼の旅に出た。大和国から各地を転々として、現在の五十鈴川の川上の土地に皇大神宮を創建された功績で、この土地にまつられたという。ヤマトタケルノミコト（日本武尊）のおばにあたり、ヤマトタケルの東征の際には、天叢雲剣《あめのむらくものつるぎ》を与えたことでも知られる。

ここを訪れるとき、私はいつも時空のゆがみを感じる。鬱蒼《うっそう》とした杉木立に覆われ、不気味なほどの静けさをたたえた境内。倭姫宮《やまとひめのみや》に足を踏み入れると、日中であることを忘れてしまう。かすかに漏れてくる陽光が、砂利道に小さなスポットライトを落としている。

アマテラスが多くの神々に囲まれている内宮にくらべ、ここはあまりにさびしい。こんなに静かな場所にひとりでいて、ヤマトヒメはさびしくはないのだろうか。ふとそんな思いがよぎる。

私が最初に倭姫宮を訪ねたのは、18歳のときだ。宮とは名ばかりで、社務所もなければ神職もいなかった。薄闇の空間にぽつんと現れた白木の質素な社に、私はちいさな違和感を覚

え た。なぜ、このような建物をヒトはつくるのだろう。倭姫という女性を忘れないためだろうか。

今は、手水舎の前にある、社務所でご朱印《しゅいん》がいただける。ちなみに、神宮でご朱印を授与しているのは、内宮と外宮の他、5ヵ所の別宮（月夜見宮、月読宮、倭姫宮、伊雑宮《いざわのみや》、瀧原宮《たきはらのみや》）のみである。だが先述したように、スタンプラリーのようにそこへ行くこと自体が目的になってしまうのはよろしくない。スタンプで埋められた帳面で満足してしまい、それぞれの宮で何を感じ、何を受け止めたのかが自分でもわからなくなってしまうからだ。

ただでさえ神宮はお宮の形状がそっくりなのだから、一度にたくさんの宮をめぐることもあまりすすめない。徒歩で参れる範囲に加え、1〜2社ほどでとどめておくのがよいと思う。

倭姫宮の社殿へと向かう参道の階段は、なかなか体力をつかう。その階段の脇にはえている木の根が、蛇のようにうねっている。大地の気をたっぷり吸い取っているように見える。

隣の敷地には、神宮美術館、神宮農業館、神宮徴古館《ちょうこかん》といった神宮関係の施設がある。道路を挟んで隣に、かつての母校・皇學館《こうがっかん》大学がある。神職をめざす方が多い大学で、國學院大學と並び有名である。じつは神宮界隈には、この両学を卒業した人々が多いのだ。

境内には、ヤマトヒメの言葉として、「人は天下の神物《たまもの》なり。心神《たましい》を傷ましむことなかれ」という文章が紹介されている。

伊雑宮「田植えの時期が見所」

伊勢国以外にある唯一の皇大神宮の別宮。近鉄線「伊勢市駅」から「上之郷駅《かみのごう》」まで40分くらい。その駅から歩いてすぐの所にある。ヤマトヒメが御贄地《みにえどころ》を探すために志摩国を巡行の際、イザワトミノミコト（伊佐波登美命）が出迎え、ヤマトヒメが御贄地にふさわしい土地であるとしてこの伊雑宮を建立したそうだ。

御贄地とは、皇大神宮へ奉納する神饌《しんせん》を採る場所のことだ。

宿衛屋《しゅくえいや》のそばに、ぎょっとするような光景がある。樫《かし》の木がはえているのだがオバケカボチャの木、とでも呼びたい威容《いよう》。やはり神気を吸った影響なのだろうか。参道をすすむと、伊雑宮の本殿がある。

隣の敷地にある、綺麗に整備された田んぼは、磯部の御神田《おみた》といい、鳥居まである。五月には、植えたばかりの早苗が風になびいている様子が見られる。

重要無形民俗文化財に指定されている「磯部の御神田」という御田植式が行われるのだ。

田んぼの中で泥んこで竹を取り合う祭りもあって、見ごたえがあるそうだ。

二見興玉神社「夫婦岩の朝日」

昔は伊勢神宮に参拝する前には、二見浦《ふたみのうら》で禊《みそぎ》を行うのが習慣だったという。夫婦岩《めおといわ》の沖合700メートルの海中に、サルタヒコゆかりの「興玉神石《おきたましんせき》」があるという。二見興玉《ふたみおきたま》神社の鳥居をくぐると、海岸沿いの参道がのびていく。海風がとても気持ちいい。鳥居の前にはカエルのオブジェがあり、みんなが撫《な》でるので、目がテカテカ光っている。途中、天の岩屋神社がある。のぞくと確かに、岩屋がある。側にある一見変わった丸い注連縄《しめなわ》（200円）で痛いところをこすってお詣りすると、効果があるらしい。

手水舎は、カエルの置物がたくさん置いてある。

そこから少し歩くと、有名な夫婦岩が目の前に現れる。カエルの手水舎に気をとられて、気づかない観光客も多いのだが、すぐ背後に、二見興玉神社本殿がある。

背後は海。ここの祭神は、サルタヒコノオオカミ（猿田彦大神）なのだが、サルタヒコを生んだといわれる神石が海中に沈んでいる。かつては8メートルほど突き出していたのだが、津波で水没して今は海中にある。社殿は海風に耐えられるよう、コンクリートで堅牢《けんろう》につくられている。海のそばの神社なので、木の社殿では保たないのだろう。

本殿の真裏にある鳥居から夫婦岩を拝める。ただの岩に注連縄を張ったものだが、実はこの夫婦岩の間から朝日と満月が拝めるのだ。夏至と冬至、それぞれに太陽の昇る位置が違うそうだ。

5～8月、夫婦岩の間から、1～3月、9～12月は小高くなった別の場所から日の出を拝める。年に3回、「大注連縄張神事」も行われている。

冬場には、夫婦岩の間から日の出が拝めるだけでなく、よく見ると富士山が見えて、その頂上から太陽が昇ってくるところが見えるという。

また、冬の夜は、夫婦岩の間から月が顔を出すのだ。満月の時期にあわせて行けば、夜のご来光が拝める。ちなみに、夫婦岩は夜でも見られるよう、ライトアップされている。

御塩殿神社「お清めの塩を奉製」

二見興玉神社からは少し距離があるが、海沿いの国道をひたすら西へいくと、御塩殿《みしおどの》神社がある。祭神はミシオドノノマモリノカミ（御塩殿鎮守神）。

海を臨む国道に沿って、二見の古い旅館街をながめ、途中、内陸側の道へ入ると、細い通りの右前方に、深く茂った森が現れる。小さな鳥居をくぐり、まっすぐに延びた参道を進むと、正面に本殿がある。が、奥にもっと面白いものがある。

境内の右手、トイレの前に矢印の案内板が立っている。向かって左手、浜辺の方へ進むと、御塩汲入所《みしおくみいれしょ》と御塩焼所《やきしょ》の建物が見えてくる。

この神社は、ただ神さまをおまつりするだけでなく、神宮で使うお清めの塩を奉製《ほうせい》する作業場でもあるのだ。

神宮のお宮はたいてい高床式《たかゆかしき》の建物だが、御塩汲入所と御塩焼所は、高床式の下半分を地面に埋めこんだような天地根元造《てんちこんげんづくり》。大量の塩を持ち込んで加工するので、さすがに高床式では無理があるのだろう。

向かって左が御塩殿で、右が御塩焼所。焼塩にされた塩をさらに焼き固め、堅塩《かたしお》にするための施設である。

ここでは、海水から作った鹹水《かんすい》（濃い塩水）を一昼夜かけて煮つめ粗塩がつくられるのだ。

二つの建物の向こうから、心地よい海風が吹いてきて、頬をなでた。

ここまで来たら、その塩がどこからやってくるのか、見ておくのも悪くない。参道を戻り、もとの道に戻ったら、再び西へ西へ、五十鈴川の河口方面へ歩いていく。すると、左手に「御塩浜」の入り口が見える。ぱっと見たところ、コンクリートでも作っているように見えるが、鳥居が設置されているのでそれとわかる。

神宮の御塩は、「入浜式塩田」という昔ながらの製法でつくられる。

毎年土用《どよう》の時期、ここで作られた濃い塩水が御塩汲入所に運び込まれ、先ほどの御塩焼所で煮詰められ粗塩となり、さらに御塩殿で焼き固められて堅塩になる。この塩が伊勢神宮の祭事で使われているのだ。

河口付近の水は、当然ながら海水より塩分が薄い。つまり、より多くの水をくみ上げる必要があり、効率はよくない。それでも、あえてこの場所に御塩浜がある理由は、「海水に淡水が少し混入したほうが、きめ細かい良質の塩ができる」と伝わっているためだ。

瀧原宮「私の一番好きな別宮」

古くから「皇大神宮の遥宮《とおのみや》」と呼ばれるように、アクセスはけっしてよろしくない。最寄り駅のＪＲ紀勢本線「滝原駅」からは徒歩約15分程度。伊勢市内から高速に乗っても、片道1時間弱はかかる。だが、2泊以上のスケジュールを組めるなら、ぜひ訪れてほしい場所。私は別宮のなかでもっとも気に入っている。ここには、手つかずの自然の迫力が残されている。市街地にある神社とは違い、木の葉や土のにおいが濃厚で、神秘性を強く感じる。内宮と外宮は千年をゆうに超える歴史を経て、全国から数多くの崇敬者を集めるにいたったが、それにともない、よくも悪くも周辺がにぎやかになってしまった。

だが神宮の創建当初は、もっと厳《おごそ》かで静かな場所だったはずだ。人里はなれた瀧原宮《たきはらのみや》を訪れると、アマテラスの御霊を胸にヤマトヒメが行幸したときの思いに、少し近づけるような気がするのである。

国道42号線沿いを宮川沿いにさかのぼっていくと、「奥伊勢木つつ木館」という道の駅と大駐車場があり、そこへクルマを停めれば、数分で鳥居の前につく。

鳥居をくぐり、奥へ奥へとまっすぐに伸びる参道を進み、欄干のある小さな橋を渡ると、右奥に小さなお札の授与所が見える。その手前に、御手洗場《みたらし》となっている川に降りる石段がある。頓登川《とんどがわ》といって、大内山川に合流するそうだ。強風の翌日は、折れた枝が流れてくることもあるから要注意。だが渓流の御手洗場は、五十鈴川にはない野趣があり、私は好きだ。

だがこんな山奥の神社まで「パワースポット・ハンター」の魔の手が伸びてきたらしい。なにやら、きれいなハートの形の石が石段に埋め込まれているらしく、触れると恋愛成就に効くらしい。瀧原宮で宮司をしていた旧友に、知ってるかと聞いてみたら、「いやあ、初めて聞いた」と驚いていた。パワースポットは神官のあずかり知らぬところで、どんどん増えていくのである。

さて、奥へ進むといよいよお宮とご対面だが、途中、堂々たる杉の巨木が立ちはだかる。幹には竹がまきつけてある。「どこかで見た光景だな」とつぶやいてみて、すぐに思い当たる。道幅は狭いものの、内宮の参道にそっくりなのだ。

この杉といい、川の御手洗場といい、正殿の背後に山がそびえていることといい、瀧原宮にはほかにも、内宮との共通点が多い。「内宮の祭祀の原型がここに見られる」という人がいるのもうなずける。

というのは、もしかしたら、ここが内宮になっていたかもしれないのだ。

実はこの瀧原宮、内宮が現在の場所になる直前に、アマテラスをごく短期間、お祀りしていた神社なのだ。ヤマトヒメが、アマテラスの祀る地を探すために、宮川を上流へさかのぼったところ、支流の大内山川の流域に「大河の瀧原の国」という美しい場所があった。さっそく、草木を刈り新宮を建てたのだが、その後すぐに他の場所が見つかったので、アマテラスはふたたび川下へ引っ越してしまった。そんな伝承が残っている。

社殿地に参道が至ると、左側に二つのお宮が仲良く並んでいる。

奥（向かって右手）がアマテラスの和御魂《にぎみたま》をまつる瀧原宮、手前（向かって左手）がアマテラスの荒御魂《あらみたま》をまつる瀧原竝宮《たきはらのならびのみや》である。

さらに奥を見ると、一段高くなった場所に、瀧原宮の所管社である若宮《わかみや》神社、長由介《ながゆけ》神社、川島神社の3社があり、その左隣に「御船倉《みふなくら》」という建物がある。

この中に、アマテラスのご神体をおさめる御樋代《みひしろ》を入れる船が納めてある。

神宮125社のなかで、この御船倉があるのは瀧原宮だけである。確証はないが、内宮にアマテラスが鎮座する前、ここに一度おさまったことと関係があるのではないか。

以前、ここを訪れたエジプト人観光客が、「日本の神さまも船で移動するんですね」と興味深く眺めていたそうだ。そういえばエジプトのファラオも船に魂を乗せて神さまになるのだった。

第5章　出雲大社の式年遷宮とおかげ参り

出雲大社の「平成の大遷宮」

平成25（2013）年、マスメディアは「遷宮《せんぐう》」の話題をこぞってとりあげた。伊勢神宮《いせじんぐう》は20年に1度の、出雲大社《いずもたいしゃ》は60年ぶりの遷宮が同年に重なった。これをうけて、さまざまな雑誌が遷宮特集を組んだ。真面目に神社建築のイロハから解説しているものもあれば、「こんなことは滅多《めった》にない。両方の神社からたっぷりご利益をいただこう」と、前のめりに紹介しているものもある。

伊勢神宮と出雲大社、両社の遷宮が同年に重なった理由は、昭和天皇が伊勢神宮の第59回式年遷宮を延期されたことによる。本来は、昭和24（1949）年に行われるはずだった。しかし、時は敗戦直後。戦災孤児があふれ、物資不足も深刻だった。それを鑑《かんが》みて、昭和天皇は「敢行《かんこう》は困難であろう」と延期を判断されたのだ。

ところが、それを知った民間の神宮崇敬者から寄付が続々と集まり、4年遅れの昭和28（1953）年に無事、行われた。それ以降、昭和48（1973）年に第60回、平成5（1993）年に第61回、そして平成25年に第62回と、遷宮はふたたび、20年おきの「通常サイクル」に戻っている。

この時に生じた4年のズレが、奇しくも「もう一つの大遷宮」と重なったのである。

だが一口に遷宮といっても、出雲大社の遷宮は、伊勢とは若干意味合いが異なる。伊勢の遷宮は、正殿の隣に同じ広さの宮地をもう一つ用意し、交互に建物を移す。いわゆる「引っ越し」だが、出雲大社の場合、社殿の位置は変えずに、そのまま修造する。すべて解体して、建て直すことはしない。出雲大社の現本殿は、延享《えんきょう》元（1744）年につくられたもので、重要文化財に指定されている。

これも、何もかも新品にする伊勢の遷宮とは異なっている。

旧社殿を解体している間、祭神のオオクニヌシノオオカミ（大國主大神）は、仮の住居である仮殿へ遷《うつ》される。修造中の社殿は、建物を雨風から守る「素屋根《すやね》」ですっぽり覆い、大屋根から千木《ちぎ》と鰹木《かつおぎ》を下ろし、檜皮葺《ひわだぶき》の解体作業を行う。出雲大社では、本殿だけでも総重量40トン、64万枚の檜皮が使われている。屋根の解体だけでも大変な労力である。大屋根の面積は約180坪、軒先の厚さは約1メートルに達する。平成20（2008）年からはじまった正殿の改修。翌21（2009）年から本殿のみならず摂社《せっしゃ》・末社《まっしゃ》も、修造工事が進められている。

本殿の修造は、大屋根の檜皮の撤去、野地板《のじいた》の修理などを経て、新しい檜皮による葺《ふ》き作業も平成24（2012）年3月に完了した。同年夏には、修造期間中、御本殿を覆っていた大きな素屋根が取り除かれ、生まれ変わった本殿がその姿をふたたび現している。

平成25（2013）年5月には、オオクニヌシが修造の終わった本殿に還す「本殿遷座《ほんでんせんざ》祭《さい》」も無事終了した。

5月に行われた本殿遷座祭

平成25（2013）年5月10日夜、出雲大社で「本殿遷座祭」が行われた。5年かけて改修が行われた本殿に、祭神のオオクニヌシを戻す儀式だ。

午後7時ごろ、ご神体が移されていた仮殿で千家尊祐《せんげたかまさ》宮司が祝詞《のりと》を上げた後、ご神体を神輿《みこし》に移し、正装した神職ら約260人の行列が出発。一行は明かりが落とされた境内をゆっくりと進み、ご神体を本殿に移した。

本殿前の楼門、八足門《やつあし》の提灯以外の明かりが落とされた中、千家尊祐宮司や天皇陛下のお使い、神職ら約260人が列をなして、神輿に載せたご神体を白い幕「絹垣《きぬがき》」で囲んでゆっくりと本殿へ。約1万2000人の招待客らが見守る中、修繕中にご神体を移していた仮殿から、ご神体の神輿が出発。神職16人に担がれ、境内をゆっくり周回した。本殿前の二つの門をくぐり、本殿に入った後、神職の「おー、おー、おー」という声が響《ひび》き、御神座へのオオクニヌシの帰還を告げた。

「御本殿の荘厳なたたずまいが見事によみがえり、無上の喜びを感じている。先人たちが育み伝えてきた伝統的精神文化のよみがえりが図られ、未来に向かっての清新な生成発展への始まりとなるよう一層努めたい」（日本海新聞）と、千家尊祐宮司がコメントしていた。

漆黒《しっこく》の闇の中で神が遷る。目に見えないものを気配で感じ取ることは、伊勢神宮の遷宮にも共通する。

遷宮は、平成28年まで続く

主祭神のオオクニヌシはもとの本殿に戻ったが、出雲大社には境内はもちろん、境外にも摂社・末社があり、そこにも社殿がある。たとえば境内には、本殿を取り囲む瑞垣の東側、西側に立っている「十九社」のうち、西十九社は平成26（２０１４）年、東十九社は平成28（２０１６）年に修復が完了する。

11月（旧暦10月）は神無月《かんなづき》という。全国の神々が出雲に集まり、今いる場所を留守にするからだ。しかし出雲にとっては、神々が集まるので「神在月《かみありづき》」と呼ばれている。今年（平成25年）の神在月に八百万《やおよろず》の神々を迎えたとき、出雲に集まってきた神々は、新館・旧館のどちらに泊まるかで、もめるかもしれない。摂社・末社の改修も同様に、平成28年まで続けられる。

「天下無双の大廈《たいか》」と称えられてきた本殿には、先人の造営技術がいたるところに活かされている。見る者を圧倒する大屋根には、約70万枚もの檜皮《ひわだ》が敷き詰められている。檜皮は防水性に優れており、伝統的木造建築の最高の屋根材とされる。他の神社にも檜皮葺の屋根は見られるが、出雲大社では、一般の約1・5倍の長さの檜皮が用いられている。長い檜皮を使用すると、葺きあわせが厚くなり、その分湿気を通しにくい。寿命を伸ばすために先人が考えたものだ。ちなみに、今回の修造では、東日本大震災の被災地から取り寄せた木材も使用している。

１３０年ぶりに「ちゃん塗《ぬ》り」と呼ばれる特殊な塗装が施されたことも、知っておきたい。17～18世紀にはやった塗装技法で、鬼板《おにいた》や千木には墨を混ぜた黒い塗料、破風板《はふいた》を覆っている銅板には緑青《ろくしょう》をまぜた塗料を塗り、銅板を保護する。漆《うるし》は高価だが紫外線に弱いので、外部の塗装には向かない。その点、ちゃん塗りは伸縮性に優れ、銅板の保護に適しているそうだ。主成分はエゴマ油で、松ヤニ、鉛、石灰を混ぜたもの。『延享造営伝《えんきょうぞうえいでん》』という古文書にちゃん塗りの配合の一部が書かれていたのが決め手となり、現代に復活するはこびとなった。

日本一でかい神殿の理由

出雲大社の社殿は、その巨大さゆえに、ある種の威圧感をもって迫ってくる。その点も、シンプルで清明な伊勢神宮の社殿とは対照的だ。

出雲大社の参拝は、一の鳥居をくぐり、松の参道から本殿境内とされる「銅鳥居《どうとりい》」から入殿し、拝殿へ向かうのが一般的なコースだ。ところが以前、私は横着《おうちゃく》をして横参道から入ったことがある。神楽殿の前へ進むと、いきなりデンとそびえる拝殿と本殿が現れて、私はおもわず肩をすぼめた。「コラッ！」と叱られているような気分になった。

かつては「日本一の高層建築」としてその名を轟《とどろ》かせていた。今も十分大きいが、かつては高さ100メートル近い社殿だったときもあったらしい。後述する『古事記』の国譲り神話に、出雲大社の巨大さを彷彿《ほうふつ》させる記述がある。アマテラスの要求に応じて、国土を譲ることにしたオオクニヌシは、その交換条件として「柱を太く立て、大空に千木を高々とそびえさせた神殿」を求めている。

その巨大さはいかほどのものだったのか？

その謎を解くヒントとなるのが、平安時代中期に源為憲《みなもとのためのり》が著した『口遊《くちずさみ》』という記録。ここに「雲太《うんた》、和二《わに》、京三《きょうさん》」という記述が出てくる。1位は出雲大社、2位は奈良東《とう》大寺大仏殿《だいじだいぶつでん》、3位は京都平安宮《へいあんぐう》の大極殿《だいごくでん》という意味で、当時の高層建築のランキングを示している。

当時の大仏殿は、高さが45メートルであることが知られていた。つまり、出雲大社はそれ以上の高層建築だったことになる。「当時の建築技術では、到底ありえない」と学者の間で否定されてきたが、平成12（2000）年、その常識が一気に覆された。

出雲大社の境内で、巨大な3本の柱根《ちゅうこん》が発掘されたからだ。その大きさや形状は、出雲大社に伝わる平安時代の設計図『金輪御造営差図《かなわのごぞうえいさしず》』の内容と一致した。この設計図と伝承を合わせると、社殿の高さは48メートル前後あった可能性が高い。現社殿の2倍、14階建てのビルに相当する高さになる。

そして本殿の床は10〜11階くらいの高さにあり、そこに至る階段は長大なものになった。

建築学から見た伊勢神宮との関係

このように、高すぎる神殿を建てたことが、出雲大社の遷宮のきっかけになったとも思われる。実際、大社には過去に本殿が何度も倒壊した記録が残っている。最初は長元《ちょうげん》４（１０３１）年。以後、２００年間に６回倒壊し、宝治《ほうじ》２（１２４８）年の倒壊を境に、現状の高さに落ち着いている。「風もないのに、柱の中ほどで折れた」というリアルな記述もある。かつては柱と地面の間に礎石も土台もない「掘立柱」だったが、延《えん》享《きょう》元（１７４４）年建立《こんりゅう》の出雲大社社殿は、礎石の上に柱が立てられ、耐久性を高めている。倒壊や破損のたびに当時の新しい建築技術を駆使して、リニューアルをはかってきたのだ。その点も、もろい構造をあえて残し、頑《かたく》なに古代の構造を守り続ける伊勢神宮とはスタンスが異なる。

出雲大社の大社造は、伊勢神宮に代表される「神明造《しんめいづくり》」や住吉大社に代表される「住吉《すみよし》造《づくり》」と共に、もっとも古い神社建築様式とされる。

神明造は奥行きより幅が大きい長方形で、高床式倉庫から発展し穀物の代わりに神宝を納めるように変化したものと考えられ、住吉造が大嘗祭《おおにえのまつり》の建物に近似している。

これに対して、大社造はほぼ正方形の古典的な日本家屋に近い「田の字」形。この点から、祭祀の場に使われていた宮殿が原型と見られている。


ところで、3世紀ごろに大王の王宮があったとされる纒向遺跡《まきむくいせき》（奈良県桜井市）に、伊勢神宮と出雲大社、それぞれのルーツがあるという説がある。

神社建築の歴史に詳しい黒田龍二《くろだりゅうじ》氏（神戸大学大学院工学研究科教授）は同遺跡の復元に携わった際、興味深いことに気づいた。遷宮記念シンポジウムin出雲「伊勢神宮と出雲大社」で、同氏は講演している。

「古事記と日本書紀には、大王の宮殿から伊勢神宮や出雲大社が発生したと書かれている。纒向遺跡を復元したところ、その両方を裏付ける建築様式をしていた」

「本来、大王の宮殿にはご神体の『宝鏡《ほうきょう》』が置かれており、王宮の建物内で祭事を行ういわゆる『同床共殿《どうしょうきょうでん》』の祭祀《さいし》が行われていた。しかし崇神《すじん》天皇の時代に、宝鏡を王宮から出して、その後、伊勢神宮では宝鏡を正殿で保管する。正殿はその形から『宝庫』とみることができる。また正殿では祭儀は行わない。一方、出雲大社では、江戸時代までは国造《こくそう》が本殿内で祭祀を行っていたことがわかっている」

「建築学から見ると、出雲大社本殿は柱の間が2間、正面から見ると真ん中に柱がくるという建築様式。偶数の柱間は寺社、王宮の中心建物では例外的なものだから、出雲大社本殿は、柱間が4間の纒向遺跡の宮殿と著しい共通性がある」

「そのことを裏付けるように、古事記には『(出雲大社は)王宮に似せて本殿を作った』とある。また、伊勢神宮の本殿は弥生時代の倉庫の形式を受け継ぐ様式で、纒向遺跡の王宮内にある倉庫建物の痕跡とよく似ている」

これらのことを踏まえると、纒向遺跡の倉庫(宝庫)は、正殿以外で祭祀を行う伊勢神宮の正殿に進化し、纒向遺跡の王宮は、本殿内で祭祀を行ってきた出雲大社に進化したという推論が成り立つという。

出雲大社と伊勢神宮、日本の二大神社の建築が、ひとつの土地で並んでいたという説は、じつに興味深い。

なぜ出雲大社では「四度拝」か?

出雲大社の境内には参拝の作法を記した看板が立っている。

「二礼、四拍手、一礼」

一般の神社は「二礼、二拍手、一礼」だが、ここでは拍手の数が倍になる。

これにはなにか理由があるのだろうか？

明治の初期に定められた「神社祭式《じんじゃさいしき》」により、出雲大社は四拍手、伊勢神宮は八拍手に統一された。現在、伊勢神宮では神職だけが八拍手を守り、一般参拝者は「二拍手」でよいとされるが、出雲大社は古くからの習慣を忠実に残し、今に至っている。

「四」は「シ」であり「死」に通じる。これはオオクニヌシに死を自覚してもらうため、わざと縁起の悪い四拍手にしている。

そんな指摘をしたのは、作家の井沢元彦《いざわもとひこ》氏（『逆説の日本史 古代黎明編』）。いかにもオカルトファンが好みそうな推論だ。ただ、出雲大社のほかにも宇佐《うさ》神宮（大分県）、弥彦《やひこ》神社（新潟県）が四拍手であることは有名で、伊勢神宮にも、八回手を叩く八開手《やひらで》という、神職の作法がある（参拝者には「二拍手」の作法を紹介している）。

実は神社で二拍手になったのは、明治時代に神社が国家管理に入ってから後、作法を統一していったためにそうなっただけで、それ以前は各神社がそれぞれに伝わる作法にならっていたという。出雲大社の神職に四拍手の由来を聞いてみたが、誰に聞いても「よくわかりません」との返事だった。

境内にいたバスガイド嬢は、「幸せのシ、だから四拍手です」と説明していたが、客を納得させるために適当に考えたのだろう。

10の名前を持つオオクニヌシ

出雲大社の祭神、オオクニヌシはほかにオオモノヌシ、オオナムジ、アシハラシコオ、ヤチホコ、ウツシクニタマ、オオクニタマ、オオナムチなど多くの別名を持っている。さらに後世には七福神の「大黒《だいこく》さま」として庶民の信仰対象になった。インドの神・大黒天《だいこくてん》と名前が似ている、豊作をもたらす豊穣神《ほうじょうしん》という共通点をもつため、同一視されるに至ったようだ。

『古事記』ではスサノオの六代下の孫。『日本書紀』ではスサノオの子として登場する。ただし、『出雲国風土記《いずものくにふどき》』では、「天の下造らしし大神、オオナモチ」として登場。こちらには、スサノオとの間に縁戚関係が見られない。

「こんなに多くの名を持つということは、出雲にいる複数の神々のエピソードを一人の神にまとめあげた可能性が高い」とみる研究家もいる。

いずれにせよ、スサノオと並び、神話に登場する代表的な出雲の神であることに変わりはない。そこで神話のエピソードをたどりながら、オオクニヌシがどんな神だったのか、検証してみよう。


オオクニヌシには兄弟神がいた。『古事記』には「八十神」という名前で登場するが、これは一人の神ではなく、八十、つまり「非常に多い」ことを意味する。オオクニヌシと同じく、出雲にいた様々な神の総称とみていいだろう。その兄弟神たちは、因幡《いなば》（鳥取県東部）にヤガミヒメという美しい女神がいると聞き、求婚するために旅立った。このとき、オオクニヌシは荷物持ち役を押し付けられ、最後尾からトボトボとついていった。

手ぶらで先を行く兄弟神は、海岸で倒れているウサギを見つけた。皮をはがされ、赤い肌がむき出しになっている。ウサギはワニ（サメと見られている）をだまし、対岸に渡ったために皮をはがれたのだ。神々は「海で塩水につかってから、風の当たる場所で休むといいぞ」とウソの忠告を与えた。少しでも苦しみを軽くしようとウサギはこの妄言《もうげん》を真に受けてしまう。

しかし海水を浴びて風にあたると皮膚はただれ、さらに痛みは増した。悶絶しそうなウサギを、あとから大きな荷物を背負ってやってきたオオクニヌシが見つけ、真水で体を洗い、薬草を塗るよう指示した。すると痛みは消え、もとの白い毛が生えてきた。ウサギは感激して言った。

「先にいった神々は、ヤガミヒメを手に入れられないでしょう。選ばれるのはあなたです」

このウサギは実は神であり、だれが姫の夫にふさわしいかを試すために、現れたとされている。

はたして、ヤガミヒメは兄弟神たちの求婚を断った。

「私にふさわしいのはオオクニヌシさまです」

屈辱を受けた兄弟神は引き返すと、遅れてやってきたオオクニヌシを拉致し、山へ運び込んだ。

「この山は真っ赤なイノシシがいる。俺たちが山の上から追うから、下で受け止めろ」

兄弟神はイノシシに似た巨石を用意すると、それを火で炙《あぶ》り真っ赤にして突き落とした。焼けた石はオオクニヌシを直撃、彼は絶命する。

それを見ていた母神の祈りでオオクニヌシは蘇生するが、兄弟神はふたたびオオクニヌシを木の間にはさみ、殺してしまう。母神が再び救い出し、祈りの力でよみがえらせるが、「こうも兄弟神の妬《ねた》みが激しいと、また同じことが繰り返される」と、黄泉《よみ》の国（死の世界）へ脱出するようすすめる。

そこには、天上界から追放されたスサノオがいた。ところが、オオクニヌシはスサノオの娘スセリビメノミコト（須勢理毘売命）と恋に落ちたため、ここでも過酷な試練を受ける。「こんなやつ、俺は認めない」とばかり、スサノオは彼を蛇《へび》や蜂《はち》、ムカデを放った部屋に押し込めたり、草原に置いて周りから火を放ったりと、かつてアマテラスを苦しめた残虐な気性をあらわにして、オオクニヌシを追いこんだ。

スセリビメの助けで危機をなんとか乗り越えたオオクニヌシは、寝ているスサノオの髪を建物の柱に縛り付け、スサノオの三種の神宝、太刀と弓と琴を奪うと、スセリビメを背負って脱出した。ここでようやくスサノオは彼を認め、婿《むこ》にエールを送った。

「その太刀と弓で兄弟たちを倒し、葦原中国《あしはらのなかつくに》（地上世界）を統治するがよい」

地上に戻ったオオクニヌシはスサノオの武器で次々と兄弟を倒した。こうして、地上世界ははじめてひとりの神によって統一されたのだった。

その後、めでたくスセリビメと結婚するが、ほかにも多くの女神と結ばれている。高志《こし》

（北陸）のヌナカワヒメに恋をして、家におしかけて歌を詠《よ》んだり、ほかにタキリビメやカムヤタテヒメなどとも結ばれていて、なんと181人の子をなしている。

「艶福家」オオクニヌシの正体

「多くの妻をめとった」という記述から、オオクニヌシは艶福家《えんぷくか》と評されることが多い。

母神やスセリビメからも何度も救われ、多くの女神と浮き名を流しても、最終的には許されて夫婦円満をまっとうする。あらゆる試練に耐えながら、卑怯《ひきょう》な方法や暴力で相手をねじふせることなく、多くの女性に愛されながら一国の頂点をきわめる。「国譲り以前」のオオクニヌシの人生は、まさに男の理想といっていい。

だが、「大勢の妻と契《ちぎ》った」とか「181の子をなした」逸話を、表層的にとらえるのは早計と思う。

彼はなにも美女を探すためだけに、全国各地を行脚《あんぎゃ》したわけではない。オオクニヌシが恋した女神の出身地を見ると、最西端は福岡県（玄界灘沖ノ島《おきのしま》）、最東端は新潟県。

これは考古学上で確認されている出雲の勢力圏とほぼ重なっている。

1～2世紀ごろ、日本海沿岸にはかなり広範囲に、十字手裏剣のような形状をした四隅突《よすみとっ》出型墳丘墓《しゅつがたふんきゅうぼ》が広がっていたが、これは出雲特有の文化。弥生時代にここまで広範な影響力をもった国はほかに見当たらない。3～4世紀に台頭するヤマト王権よりもはるかに早く、王国と呼ぶにふさわしい領土をつくりあげていたことになる。

『古事記』や『出雲国風土記』で「はじめて国をつくった神」とされているのは、史実とみていいのではないだろうか。

1分でわかる! 「国譲り神話」

高天原のアマテラスは自分の第一子・アメノオシホミミノミコト（天忍穂耳尊）を呼び、葦原中国（地上の国）を支配するよう命じた。

アメノオシホミミが天の浮き橋に立って地上の様子を見ると、ひどく騒がしい。地上に住む国津神が暴れているようだ。それを見て、アメノオシホミミは高天原に戻ってきてしまう（あんな場所へ降りていったら、大変なことになる）。

そこでアマテラスは、第二子のアメノホヒノミコト（天穂日命）を使者に選んだ。

「先に行って、出雲のオオクニヌシに会っておいで。地上の神たちを服従させるのです」

その頃、地上で大きな勢力をもっていたのは、出雲の国オオクニヌシだった。

実力者のオオクニヌシが国を譲ってくれれば、残りの神々も従うと考えたのだ。

ところが、アメノホヒはオオクニヌシの人柄に惚れこみ、家来になってしまった。アマテラスは、いつまで待っても戻らないアメノホヒに業を煮やし、今度はアメノワカヒコ（天稚彦）を使者に選ぶ。ところが、今度はオオクニヌシの娘と恋に落ち、出雲に住みついてしまった。

「一体何をやっているのか。おまえ、様子を見てきておくれ」

アマテラスは鳴女《なきめ》と呼ばれるキジを偵察に行かせた。が、鳴女はアメノワカヒコの放った矢であっさり殺されてしまう。

それでタカミムスヒという神が、アメノワカヒコの裏切りに怒り、鳴女の死骸に刺さっていた矢を地上に放ち、アメノワカヒコを射殺した。こうなったら、力ずくで決着するしかあるまい――。

最後の使者に選ばれたのは、力自慢のタケミカヅチノカミ（建御雷神）と俊足のアメノトリフネ（天鳥船）。二人は出雲の国の伊耶佐《いざさ》の小浜（現在の稲佐の浜）に降り立つと、浜に剣を突き立ててオオクニヌシに迫った。

「葦原中国は、我が子が統治すべきだとアマテラスさまはおっしゃる。お前はどう思うのだ？」

口先では意見を求めているが、その態度はほとんど脅迫に近い。「私の一存ではお答えできません。息子のコトシロヌシノカミ（事代主神）に聞いてください」とオオクニヌシは答えた。

コトシロヌシは狩りにでかけて不在だったので、タケミカヅチがさっそく迎えに行かせ、国譲りについて尋ねた。意外にも、コトシロヌシは従順だった。

「おっしゃるように、アマテラスのお子さまに差し上げましょう」

次に、オオクニヌシのもう一人の息子、タケミナカタノカミ（建御名方神）が大岩を抱えて戻ってきた。

「この国がほしいって？　それなら力比べだ」

勢いよく大岩を投げ捨てたタケミナカタは、タケミカヅチの腕をムンズとつかむ。と、その腕は瞬時に、鋭い剣に変わった。驚いて手を引っ込めるタケミナカタ。ジリジリと後ずさると、今度はタケミカヅチに腕をつかまれ、草でもひねるように投げ飛ばされてしまった。あまりの強さに、タケミナカタは恐怖をおぼえて逃げ出した。

タケミカヅチはすぐさま追いかけ、信濃の国（現長野県）の諏訪湖の近くまで追いつめ、ガッチリと組み伏せてしまった。

「お助けください、お願いです……」

タケミナカタはがたがたと震え、命乞いした。

「私は二度と、この諏訪から外に出ません。国は全部お譲りしますから」

その話を聞いたオオクニヌシは、静かに言った。

「わかりました。仰せのとおりこの国をお譲りします。そのかわり……」

「何か、望みがあるのか」

「はい。神殿を建てていただきたいのです。高天原の子神さまが天皇になられるとき、住まわれる御殿のように立派なものを」

タケミカヅチがそれをアマテラスに伝えると、アマテラスは喜んでオオクニヌシのために天日隅宮《あめのひすみのみや》を建てた。この神殿こそが、現在に伝わる出雲大社の原型である。

「神在月」の出雲大社

これは3年前、東京在住のカメラマン氏が10月に出雲入りしたときの出来事だ。

「夕方5時すぎ、稲佐の浜で撮影していたら、海のほうから虹色の彩雲《あやぐも》がすごいスピードでぐんぐん、こちらへ向かってきたんですよ。見ると、明らかに出雲大社のほうへ向かってて。クルマで追いかけていったら、ついさっきまで大量にあった雲が、きれいに消えてしまった。あれは何だったのかな」

もう一つ、地元の老人にこんな話を聞いたこともある。

「出雲では昔から、神在月《かみありづき》になると不思議なことが起きると言われています。亡くなった母方の祖母は、稲佐の浜に、海蛇が大量に打ち上げられたのを見たそうです。小学校の甥っ子は、夕方に大社の近くの橋をわたっていたとき、目に見えないモノにぶつかって、突き飛ばされたと言ってましたね」

海岸にやってきた蛇。目に見えない何か。これらは神の化身なのだろうか。

ただ、出雲の人々にとって神在月が特別な意味をもっていることは事実だ。

一般的に「神無月《かんなづき》」と呼ばれる旧暦10月を、出雲では「神在月」という。全国の八百万《やおよろず》の神々が出雲国に集まるからだ。そして出雲の各神社では、大勢の神々を迎えるための神事がこの時期に毎年行なわれる。神々を迎える「神迎祭《かみむかえさい》」、神々が7日間にわたり会議をおこなう「神在祭《かみありさい》」、帰国する神々を見送る「神等去出祭《からさでさい》」である。

神迎祭は「出雲大社の玄関口」として知られる稲佐《いなさ》の浜《はま》で、神々を迎える神迎神事《かみむかえしんじ》で始まる。オオクニヌシの国譲り神話の舞台となった場所だ。

開始時刻は夕刻7時。ゆらめく御神火のあかりの中、浜に注連縄《しめなわ》を張り、斎場をしつらえる。「神々は海からやってくる」とされているため、神々の先導役である竜蛇神《りゅうじゃしん》を海に向かって配置する。竜蛇神は、ヘビのミイラで代用することもあるという。捧げ持つ際、息がかからないよう、神職はマスクの着用を義務づけられる。「竜蛇神に息がかかると穢《けが》れがつく」ためだ。神在祭の期間中は、八足門《やつあしもん》の内の廻廊《かいろう》に竜蛇神がまつられ、一般の自由参拝もできるようになる。竜蛇神は、豊作、豊漁、家門繁栄などのご利益で知られている。

さて、神々がのりうつった神籬《ひもろぎ》（臨時に神を迎える依り代）が絹垣で覆われると、雅楽が奏《かな》でられ、神職たちは浜から出雲大社に至る「神迎の道」をおごそかに進んでいく。

一行が向かう先は、長さ13メートル、重量5トンにおよぶも「日本一の大注連縄」で知られる神楽殿《かぐらでん》。ここで執行される「神迎祭」には、出雲大社に奉仕するすべての神職が参加する。

「神迎祭」がすむと、神々は宿舎である東西の十九社で休息をとる。翌日からはじまる「神在祭」にそなえ、じっくり英気を養っていただくのだ。

神々の滞在期間は、旧暦10月11日から17日までの7日間。すべての神々がつどい、人々のあらゆる縁を「神議《かむはか》り」にかけて決めるといわれる。男女の縁結びに限らず、あらかじめ知ることのできない、人生のあらゆる事が議題にのぼるという。

神議りの会場は、稲佐の浜に近い、出雲大社の西方540メートルに位置する出雲大社の摂社・上の宮（仮宮）だが、夜になると、神々はふたたび大社本殿の両側にある十九社（宿舎）で休む。

神議りは神々にとっても、相当エネルギーを消耗する大事業なのだろう。


土地の人たちの間では、神在祭のころを御忌祭《おいみさい》、「お忌みさん」と呼ぶ。神々が会議をしたり、寝泊まりをしているときに、ご機嫌をそこねてはまずい——というので、ひたすら静粛を保つからだ。歌舞音曲はもちろん、家を建てることもタブーとされる。

偏西風が強くなり、海が荒れる時期でもある。お忌みさん荒れという言葉もある。お忌みさん荒れの後、セグロウミヘビという黒い海蛇が海岸に打ち上げられる珍現象が、時折見られるという。昔の人は「蛇に乗ってきた神さまが、海岸で乗り捨てた」と考えていたようだ。

神々が出雲に集まるという伝承は、平安時代末の『奥義抄《おうぎしょう》』以来様々な資料に記されている。神々は出雲大社や佐太《さだ》神社などに集まり、酒造りや、縁結びについて合議されると民間伝承では伝えられている。

神々はなぜ出雲に、なんのために集うのか。

「国譲り」をしたとき、オオクニヌシはアマテラスにこう言った。

「私の治めるこの現世《うつしょ》の政事《まつりごと》は、あなたがお治めください。これからは、私は隠退して幽《かく》れたる神事を治めましょう」

幽れたる神事とは、目に見えない縁を結ぶことを意味する。それを治めるということはその「幽れたる神事」について全国から神々をお迎えして会議をする。そう解釈されたのだと考えられる。

「神在月」の出雲の祭り

縁結大祭【旧暦10月15日・17日】平成25年11月17日・19日

様々な縁結びの神議りが行われる神在祭中の日のお祭りに併せ、執り行われる。祭典では、オオクニヌシをはじめ全国より集われた八百万の神々に対し、世の人々の更なる幸縁結びを祈る祝詞が声高らかに奏上される。

神等去出祭《からさでさい》【旧暦10月17日・26日】 平成25年11月19日・28日

夕刻4時、出雲大社境内にある東西の十九社にあった神籬が絹垣に囲まれて拝殿に移動する。拝殿の祭壇に2本の神籬、竜蛇、餅が供えられ祝詞が奏上される。その後、1人の神官が本殿楼門《ろうもん》（遷宮中は御仮殿）に向かい門の扉を三度叩きつつ「お立ち〜、お立ち〜」と唱える。この瞬間に神々は神籬を離れ出雲大社を去る。

神在祭が終わると、引き続き松江の佐太神社で神在祭があり、斐川《ひかわ》町（出雲市）の万九千《まんくせん》神社より神々はそれぞれの国へ還られるといわれる。

出雲大社では、旧暦26日にも神等去出祭を執り行う。神さまが出雲の地を去られたことをオオクニヌシに報告する儀式で、本殿前で神官1人が行う。

神々の通り道「神迎の道」

地元の大社町では、毎月1日の早朝、稲佐の浜から海水を汲んで清め払いを行う風習がある。神在祭の期間中、神々の通り道となる「神迎の道」に面した家の門前には、潮汲みの竹筒に季節の草花がいけてある。はるばる出雲へやってきた神さまへのおもてなしだ。あるとき、通りすがりに、老婦人が竹筒の花をとりかえているのを見かけた。

毎日替えているというので、大変でしょうと言うと、「これくらい何ということはないですよ。助けてもらったから」と笑っている。

「ご利益ありますか」

「ええ。ちょっと前にね。娘が離婚しそうになって、家に戻ってきてたんですよ。で、（出雲大社に）お願いしに行ったら、子どもを授かってね」

とろけそうな笑顔に、こちらも嬉しくなった。

その後、観光協会の職員と雑談をしていたら、「島根県の離婚率の低さは日本一なんです」と胸をはっていた。あとから調べたら、実際は違っていた。けれどオオクニヌシのご利益は縁むすびだけではないだろうが、このタイミングで聞くと妙に説得力があるものだ。

おわりに

四十数年前、私は初めて伊勢の街を訪れ、外宮から御幸道路を通って内宮を訪れ、五十鈴川に架かる宇治橋を渡った。その後もたびたび近鉄の宇治山田駅で下車し、内宮に足を運んでいる。だが、伊勢の街は時代の流れを浴びて変貌しても、宇治橋を渡って内宮の神苑に足を踏み入れると、そこは四十数年前の神苑が広がっている。

五十鈴川沿いの御手洗場も、内宮の第一の別宮である荒祭宮も、その中途にある御稲御倉も四十数年前となにひとつとして変わっていない。20年ごとの式年遷宮がすべてを古代のままに再現、復活させているからだ。１００年前も２００年前も、１０００年前も現在のままだったろうと思うと、いつしか不思議な感覚に陥る。

考えてみれば、伊勢神宮は20年ごとの遷宮で、つねに若返って原初の姿を保ち、遷宮の翌年、人びとは若返った神宮に参り、五穀豊穣と家族の平穏を祈ってきた。おかげ参りである。それは江戸時代以来、今も受け継がれている。伊勢の神々は最高の神々でありながら、人びとの心と暮らしに寄り添ってきた神々なのである。遷宮を終えた来年（２０１４年）

も、伊勢の外宮や内宮の神域には人びとがあふれているにちがいない。

本書の出版にあたっては、講談社生活文化局の灘家薫氏、ライターの中津川詔子君が全面的に協力してくれた。ことに中津川詔子君の地道な取材と誠実な努力には心から感謝したい。

平成25（２０１３）年　夏　東京・本郷にて　　井上宏生

参考文献――『「おかげまいり」と「ええじゃないか」』藤谷俊雄（岩波新書）、『旅の民俗と歴史4　庶民の旅』宮本常一（八坂書房）、『古事記がわかる本』エソテリカ編集部編（学研パブリッシング）、『伊勢神宮の智恵』河合真如（小学館）、『伊勢神宮めぐり歩き』矢野憲一（ポプラ社）、『伊勢神宮のすべて』青木康編（宝島社）、『お伊勢まいり』西垣晴次（岩波新書）、『伊勢神宮　常若の聖地』千種清美（ウェッジ）、『遷宮をめぐる歴史―全六十二回の伊勢神宮式年遷宮を語る』茂木貞純・前田孝和（明成社）、『日本の古社　伊勢神宮』岡野弘彦・三好和義ほか（淡交社）、『神宮―第六十二回神宮式年遷宮へ向けて』（神宮司庁）、『「ご遷宮」って何ですか』（神宮司庁）、『伊勢詣と江戸の旅　道中日記に見る旅の値段』金森敦子（文春新書）、『江戸の献立』福田浩・松下幸子・松井今朝子（新潮社）、『お伊勢まいり』矢野憲一・山田孝雄・宮本常一（新潮社）、『天皇陛下の全仕事』山本雅人（講談社現代新書）、『東海道中膝栗毛』十返舎一九・興津要校注（講談社文庫）、『伊勢―日本建築の原形―』丹下健三・川添登・渡辺義雄（朝日新聞社）、『古事記』倉野憲司校注（岩波文庫）、『現代語訳　日本書紀』福永武彦訳（河出文庫）、『出雲国風土記』荻原千鶴（講談社学術文庫）、『渡来の古代史　国のかたちをつくったのは誰か』上田正昭（角川選書）、『纏向から伊勢・出雲へ』黒田龍二（学生社）、『逆説の日本史　古代黎明編』井沢元彦（小学館文庫）ほか

井上宏生

作家。

1949年佐賀県生まれ。学生時代に3年半、伊勢の地で生活したことから、伊勢神宮をはじめ、神社仏閣への造詣が深く、神仏に関する多くの著書や、雑誌の特集記事の監修を長年務める。また、スパイス研究の第一人者としても著書が多数ある。

おもな著書に『神さまと神社』『日本神話の神々』(以上、祥伝社新書)、『謎とき伊勢神宮　神々と天皇と日本人のDNA』(廣済堂出版)、『写真で見る 伊勢神宮の365日』(新人物文庫)、『スパイス物語』(集英社文庫)、『日本人はカレーライスがなぜ好きなのか』(平凡社新書)などがある。

講談社+α《プラスアルファ》新書　**631-1 A**

新《あたら》しいお伊勢《いせ》参《まい》り

"おかげ年"の参拝が、一番得をする!

井上宏生《いのうえひろお》

2013年9月19日第1刷発行

発行者――――― **鈴木 哲**

発行所――――― **株式会社 講談社**

東京都文京区音羽2-12-21 〒112-8001

電話 出版部(03)5395-3532

販売部(03)5395-5817

業務部(03)5395-3615

カバー写真――― **峰脇英樹/アフロ**

デザイン―――― **鈴木成一デザイン室**

地図製作―――― **朝日メディアインターナショナル株式会社**

カバー印刷――― **共同印刷株式会社**

印刷――――― **慶昌堂印刷株式会社**

製本――――― **株式会社若林製本工場**

定価はカバーに表示してあります。

落丁本・乱丁本は購入書店名を明記のうえ、小社業務部あてにお送りください。

送料は小社負担にてお取り替えします。

なお、この本の内容についてのお問い合わせは生活文化第三出版部あてにお願いいたします。

ISBN978-4-06-272818-8

講談社+α新書

タイトル	サブタイトル	著者	内容	価格	番号
女性の部下を百パーセント活かす7つのルール		緒方奈美	「日本で最も女性社員を活用している会社」のカリスマ社長が説く、すぐ役立つ女性社員操縦術！	838円	621-1 C
水をたくさん飲めば、ボケは寄りつかない		竹内孝仁	認知症の正体は脱水だった！ 一日1500ccの水分摂取こそ、認知症の最大の予防策	838円	622-1 B
新聞では書かない、ミャンマーに世界が押し寄せる30の理由		松下英樹	日本と絆の深いラストフロンティア・ミャンマーが気になるビジネスパーソン必読の書！	838円	623-1 C
運動しても自己流が一番危ない	正しい「抗ロコモ」習慣のすすめ	曽我武史	陸上競技五輪トレーナーが教える、効果最大にするコツと一生続けられる抗ロコモ運動法	838円	624-1 B
スマホ中毒症	「21世紀のアヘン」から身を守る21の方法	志村史夫	スマホ依存は、思考力を退化させる！ 少欲知足の生活で、人間力を復活させるための生活術	838円	625-1 C
最強の武道とは何か		ニコラス・ペタス	K-1トップ戦士が自分の肉体を的に実地体験！ 強さには必ず〝科学的な秘密〟が隠されている!!	838円	627-1 D
住んでみたドイツ 8勝2敗で日本の勝ち		川口マーン惠美	在独30年、誰も言えなかった日独比較文化論!! ずっと美しいと思ってきた国の意外な実情とは	838円	628-1 D
成功者は端っこにいる	勝たない発想で勝つ	中島相元	350店以上の繁盛店を有する飲食業界の鬼才の起業は40歳過ぎ。人生を強く生きる秘訣とは	838円	629-1 A
若々しい人がいつも心がけている21の「脳内習慣」		藤木相元	脳に思いこませれば、だれでも10歳若い顔になる！「藤木流脳相学」の極意、ついに登場！	840円	630-1 B
新しいお伊勢参り	〝おかげ年〟の参拝が、一番得をする！	井上宏生	伊勢神宮は、式年遷宮の翌年に参拝するほうがご利益がある！ 幸せをいただくお参り術	840円	631-1 A
日本全国「ローカル缶詰」驚きの逸品36		黒川勇人	「ご当地缶詰」はなぜ愛されるのか？ うまい、取り寄せできる！ 抱腹絶倒の雑学・実用読本	840円	632-1 D

表示価格はすべて本体価格（税別）です。本体価格は変更することがあります